EINFACH N

Leben und Glaub

Antwortversuche.

Für meine Frau, meine Kinder und meine Enkel.
Für alle, die sich auf den Weg machen.

ISBN: 979-8-448-91929-9 - Indepently published
Der Verfasser ist dankbar für Kommentare und Hinweise
auf mögliche Fehler (E-Mail: kontakt@salz-und-sauerteig.de).

„Ich bin der gute Hirte;
der gute Hirte lässt sein Leben für die Schafe."
(Johannes 10, 11)

Erforsche mich, o Gott, und erkenne mein Herz;
prüfe mich und erkenne, wie ich es meine;
und sieh, ob ich auf bösem Weg bin,
und leite mich auf dem ewigen Weg!
(Psalm 139, 23-24[1])

Vorwort

GOTT, unser aller Vater, will, dass wir zu ihm zurückfinden. Wir alle, die wir hier auf Erden leben, sind auf dem Weg, der letztlich unser ganz persönlicher Pilgerweg ist. Wie der Pilgerweg sich gestaltet bis wir am Ziel sind, wissen wir nicht. Doch die Hoffnung ist da, dass unser hiesiges Leben die Reise aus dem Exil sein wird und wir heimkehren dürfen.

Zu jeder Zeit, in allen Ländern und allen Konfessionen gibt es auf dieser Erde Menschen, die in einer besonderen Beziehung zu ihrem himmlischen Vater stehen, denen geschenkt wird, zu sehen, zu hören oder zu fühlen, was anderen (noch) verborgen ist.

Dieses Geschenk ist immer unverdient und kann aus eigener Kraft nicht erworben werden. Mit diesem Geschenk ist eine Verpflichtung verbunden, nämlich die Verpflichtung und der Auftrag, mit dem Gottesgeschenk zu wuchern[2].

1 Alle Bibelzitate sind - wenn nicht anders angegeben - der Schlachter-Übersetzung in der neuen revidierten Fassung aus dem Jahr 2000 entnommen. Die Literaturangaben finden sich in Anhang II. Sämtliche Abbildungen sind lizenzfrei (i.d.R. pixaby.com).

2 Vgl. Mt 25, 14-29.

Solche Menschen sollen sein wie die Saat, die auf guten Boden gesät ist[3]. Sie sollen sein wie der Baum, der an Wasserbächen gepflanzt ist und zur rechten Zeit seine Frucht bringt[4].

Diejenigen, die das Wort hören und es in sich aufnehmen, sind aufgefordert, ihr Licht nicht unter den Scheffel zu stellen, damit das Verborgene auch für andere sichtbar wird und die Geheimnisse an den Tag kommen. Solche Menschen, denen Ohren zu hören gegeben sind, sollen darauf achten, was sie hören und es weitergeben, damit das Gehörte Frucht bringen kann[5].

So kann jeder, dem das Geschenk des Hörens und Sehens gemacht wurde, dazu beitragen, ein Licht zu sein, das anderen leuchtet auf dem Weg durch das Leben auf dieser Erde zurück in die Heimat.

Und dabei ist es nebensächlich, wie groß das Licht ist, denn in der größten Dunkelheit vertreibt selbst die kleinste Flamme das Schwarz der Nacht; und viele kleine Flammen können sich schließlich zum Flächenbrand entwickeln, der das Land verändert. Wem geschenkt ist, zu hören und zu sehen, darf nicht schweigen.

---

3 Vgl. Lk 8, 8.

4 Vgl. Ps 1, 3.

5 Vgl. Mk 4, 20-23.

Jesus Christus ermahnt uns:

„Amen, amen! - Ich soll euch sagen: Jeder, der sich zu mir bekennen wird vor den Menschen - zu ihm werde ich mich bekennen vor den (Richter-)Engeln. Aber jemand, der mich verleugnen wird vor den Menschen - ihn werde ich verleugnen von den (Richter-)Engeln."(Lk 12, 8.9 /JEv[6]).

Christen, die in einer besonderen Beziehung zum himmlischen Vater und zu seinem erstgeborenen Sohn leben, sollen Glaubensboten und Glaubenszeugen sein. In diesem Sinne soll dieses Buch verstanden werden als Zeugnis eines Menschen, der nicht schweigen kann, seinen Glauben weiterzugeben, wohl wissend, dass jeder Mensch auf seinen eigenen Pilgerweg gehen muss.

„Kommt her, hört zu, ihr die ihr Gott fürchtet; ich will erzählen, was er an meiner Seele getan hat!"(Ps 66, 16).

Das was hier aufgeschrieben ist, ist vor allem für meine Familie aufgeschrieben. Meine Hoffnung ist, dass einige der Gedanken und Erkenntnisse denjenigen, die mir am Herzen liegen, und darüber hinaus auch möglichst vielen anderen, von Interesse sein und ihnen Gewinn bringen möge. Hier soll weitergegeben werden, was ich auf meinem Pilgerweg in dieser Welt, den ich nun bereits seit 58 Jahre wandere, an Erkenntnis gewonnen habe und was nach meiner Überzeugung wahr ist, auch wenn Einiges davon sicherlich von vielen - vor allem von den Gescheiten und Vernünftigen - als Unfug oder

---

6 Bibelzitat gemäß JEv = Das Jesus-Evangelium - nach G. Schwarz & J. Schwarz (2020).

Hirngespinst abgelehnt werden würde, wenn sie es denn zur Kenntnis nähmen[7]. Einiges was hier aufgeschrieben ist, passt nicht in eine anerkannte Konfession oder Glaubensrichtung, schon gar nicht in der Kombination der hier dargelegten Glaubensüberzeugungen.

Doch der Erkenntnis ist - jedenfalls in dieser Welt - kein Ende. Manches, was ich auf meinem bisherigen Weg als Erleuchtung vermutet hatte, hat sich inzwischen als Irrweg, Umweg oder gar als Sackgasse erwiesen. Und in keinem Augenblick kann ich mir sicher sein, dass ich mich mit dem nächsten Schritt nicht wieder weit von der Wahrheit entferne und auf Abwege gerate - oder dass ich Neues erfahre, was alte „Wahrheiten" in neuem Licht erscheinen oder als Lüge entlarven lässt.

Wie im Labyrinth von Chartres[8] kann man auf dem Weg der Gottsuche von einem auf den anderen Moment von der größten Nähe zu größter Ferne geführt werden. Daher sollte alles, was ich hier aufgeschrieben habe, als eine Momentaufnahme verstanden werden, allerdings mit dem Anspruch, zu bezeugen, was ich hier und jetzt als Wahrheit zu erkennen glaube.

---

7 Vgl. Mt 11, 25.

8 Siehe Seite 8.

Ich weiß, dass jeder seinen eigenen Weg gehen muss und jeder wird - wenn er aufrichtig und von Herzen sucht - die Wegweiser erhalten, die er nötig hat. Das war so und wird so sein bis auch der letzte Verirrte heimgekehrt ist. Wenn Gott will, wird etwas von dem, was ich hier aufgeschrieben habe, irgendwann irgendjemandem nützlich sein bei der Suche nach dem eigenen Weg. Ich habe so oft erlebt, wie bestärkend es ist und wie viel Mut es macht, zu erfahren, dass mancher Gedanke schon von anderen in ähnlicher oder vielleicht sogar in vollständig identischer Weise gedacht wurde, gerade dann, wenn ein solcher Gedanke der Vernunft dieser Welt widerspricht und in den Augen anderer eine Torheit ist[9].

In einer Zeit der allgemeinen Orientierungs- und Haltlosigkeit, in einer Zeit, die offenbar keine ewigen Werte, keine Tabus und keine endgültige Wahrheit anerkennt, soll diese Schrift den Versuch wagen, zu zentralen Lebens- und Glaubensfragen, die sich früher oder später fast jedem stellen, Antworten zu geben - Antworten, die auf dem Fundament meines christlichen Glaubens stehen, von dem ich jetzt und hier davon überzeugt bin, dass dieser Glaube jener ist, den Jesus[10] von Nazareth verkündet und gelebt hat.

---

9 Vgl. 1. Kor 1, 19-21.

10 Auch wenn der authentische Eigenname „Jeschu" lautet, wird hier der üblicherweise gebräuchliche Name „Jesus" verwendet. Dies gilt auch für die Eigennamen anderer (biblischer) Personen.

Jeder wird - davon bin ich überzeugt - irgendwann und auf ganz individuellen Wegen Funken der göttlichen Wahrheit erfahren, die ihn Schritt für Schritt auf den Weg zurück in seine himmlische Heimat bringen. Der helle Schein der Wahrheit ist mit Jesus von Nazareth in diese Welt gekommen. An ihm können und müssen wir uns orientieren auf dem Weg zurück zum Vater. Wenn wir uns an ihm orientieren, gehen wir nicht fehl. Möge diese Schrift - mit Gottes Hilfe - dazu beitragen.

Graal-Müritz, Ostern 2022

„Ja, ihr werdet mich suchen und finden, wenn ihr von ganzem Herzen nach mir verlangen werdet; und ich werde mich von euch finden lassen, spricht der Herr. Und ich werde euer Geschick wenden und euch sammeln aus allen Völkern und von allen Orten, zu denen ich euch verstoßen habe, spricht der Herr, und werde euch wieder an den Ort zurückbringen, von dem ich euch weggeführt habe“ (Jer 29, 13-14).

Inhalt

1 Zur Orientierung vorab: Ein Glaubensbekenntnis

Ich glaube an GOTT, unseren himmlischen Vater, der uns einst geschaffen hat, um mit ihm zu leben in Herrlichkeit. GOTT ist Geist und so sind auch wir im Ursprung geistige Wesen.

ER hat uns die Freiheit geschenkt, als seine Kinder zu leben und seinen Willen tun; denn sein Wille ist Liebe, Güte, Wahrheit, Schönheit und Harmonie.

Ich glaube, dass ich einst meine mir von GOTT geschenkte Freiheit missbraucht, meinen Willen über den meines Schöpfers gestellt habe und daher in den Machtbereich des Bösen verbannt werden musste.

Ich glaube, dass GOTT uns seinen erstgeborenen Sohn, unseren Bruder, Jesus von Nazareth, gesandt hat, damit wir durch ihn die Wahrheit und den Weg zurück zum Vater erkennen. Er hat die Macht Satans gebrochen, so dass wir uns aus dem Herrschaftsbereich des Widersachers lossagen können, wenn das unser Wille ist.

Ich glaube, dass wir mit unserem von GOTT einst geschaffenen wahren Selbst, das in dieser Welt überlagert ist von Eitelkeit, Stolz, Hochmut und Eigensinn, mit GOTT, seinem eingeborenen Sohn, seinen Engeln und den Heiligen seines Himmelreichs auf immer verbunden sind.

Ich glaube, dass wir in dieser Welt die Firnisschichten abtragen sollen, die unser wahres Selbst überlagert haben, damit wir uns wieder unserer ursprünglichen Kindschaft Gottes annähern und wir uns fallen lassen können in die Arme des himmlischen Vaters.

Wenn wir aufgenommen werden in Gottes Reich, dann wird das unsere Wiedergeburt vom Tod zum ewigen Leben sein; ein Leben in der Herrlichkeit des VATERS und seines erstgeborenen Sohnes, Jesus Christus, dem er die Herrschaft über sein Reich anvertraut hat.

Amen.

2 Zwölf Lebens- und Glaubensfragen

2.1 *Warum lebe ich?*

Diese Frage wird sich irgendwann jeder einmal stellen. Sie ist ganz sicher die wichtigste Frage eines jeden Menschen: Warum bin ich eigentlich auf dieser Erde? Alles nur Zufall?Alles vergänglich? Oder steckt da mehr dahinter?

Wer diese Fragen nicht beantworten kann, der wird es schwer haben. Denn diejenigen, die nicht wissen, was der Sinn und damit das eigentliche Ziel ihres Lebens ist, denen wird der Kompass und die Orientierung fehlen, mit dem sich der Mensch auf dem Weg durch den Dschungel des Alltags zurechtfinden kann. Und derjenige, der nicht weiß, wo er eigentlich hin will, der ist verführbar und kann leicht manipuliert werden von Menschen, die diese Orientierungslosigkeit für eigene Zwecke ausnutzen. Ein Leben ohne festen Grund und Ziel verbleibt im Beliebigen der tausend Möglichkeiten, sein Leben zu gestalten. So mancher Ziellose hastet von einer Form der angeblichen Selbstverwirklichung zur nächsten und wird dabei nur selten wahre Befriedigung spüren.

Die Psychiatrien und Suchtkliniken sind voller Menschen, die keinen Sinn in ihrem Leben finden können und sich ob dieser vermeintlichen Ziel- und Bedeutungslosigkeit in den Rausch geflüchtet haben oder darüber krank geworden sind. Nicht wenige sind wegen der fehlenden Antwort auf die Frage: „Warum lebe ich?“ sogar so verzweifelt, dass sie ihrem Dasein auf dieser Erde ein frühzeitiges Ende setzen.

Nicht zuletzt vor dem Hintergrund solcher möglichen gravierenden Konsequenzen ist ganz sicher die Frage nach dem Sinn und Zweck des eigenen Lebens die alles entscheidende.

Wie kann die Antwort auf diese Frage lauten? Hier ein Antwortversuch:

Wir alle sind Kinder des himmlischen Vaters. Gott hat uns vor der Zeit geschaffen in seiner Gestalt und nach seinem Bilde. Gott ist Geist. So sind denn auch wir in unserem wahren Selbst Geistwesen, die dazu berufen waren, in seiner Nähe zu leben. In der Nähe Gottes zu leben, das heißt, in vollkommener Liebe und Harmonie in der Gemeinschaft der Heiligen und selbst heilig zu sein. Zu wissen, dass Gott unser Vater ist, schenkt uns die absolute Freiheit.

Wir alle sind mit unserem wahren Selbst unserem himmlischen Vater auf ewig nahe. Wir sind von ihm gesegnet. Wir dürfen Gott vollständig vertrauen und ihn, wie unser Bruder Jesus es getan hat, ABBA nennen. Gott will uns als sein Gegenüber. Gott liebt und will geliebt werden. Lieben kann man nur in Freiheit, denn zur Liebe gezwungen werden, kann niemand. Liebe und Zwang schließen sich gegenseitig aus.

Nur als vollkommen Freie, mit eigenem Willen und eigener Urteils- und Entscheidungsfähigkeit, nur als mündige Personen, können wir unserem himmlischen Vater ein Gegenüber sein. Denn Gott will keine Marionetten.

Wir haben also die Freiheit, uns für das Leben mit Gott und die Nähe zu ihm oder für den Tod - also die Gottesferne - zu entscheiden. Je weiter wir uns von Gott und seinen Geboten entfernen, die er uns für das Leben mit ihm und in seiner Gegenwart gegeben hat, desto tiefer verstricken wir uns in eine Welt, in der das Gegenteil herrscht von Liebe, Güte, Wahrheit, Schönheit und Harmonie. Die dem Himmelreich entgegengesetzte Welt ist das Reich des Bösen, das satanische Reich des Widersachers. Dieses weltliche Reich ist gegründet auf der selbstherrlichen Gesinnung der vom himmlischen Vater abgefallenen Söhne und Töchter.

Doch Gott liebt uns - auch wenn wir die Nähe zu ihm bewusst oder unbewusst meiden. Denn Gott ist Liebe. Seine Liebe zu erwidern - denn er hat uns zuerst geliebt[11](!)-, bedeutet, uns vollständig auf ihn zu verlassen und ohne jeden Zweifel auf ihn zu vertrauen. Denn ein Leben in Herrlichkeit ist uns nur dann möglich, wenn sein Wille geschieht. Gott liebt uns mehr als wir ihn je lieben könnten.

Die uns von Gott geschenkte Freiheit, uns entscheiden zu können, beinhaltet auch die Freiheit, dass wir uns für das Falsche entscheiden. Und wir, die wir nun als Menschen auf dieser Erde fern von Gott leben, und damit geistlich tot sind, haben uns tatsächlich einst für

11 1. Joh 4, 19.

das Falsche entschieden.

Irgendwann haben wir begonnen, uns selbst mehr zu lieben als Gott. In völliger Selbstüberschätzung haben wir gemeint - verführt von Satan, dem gefallenen Engel[12] - besser als unser himmlischer Vater zu wissen, was gut für uns ist. Wir haben unseren Willen über den Willen Gottes gestellt und damit seine Liebe zu uns verraten.

Doch wenn die Eigenliebe größer wird als die Liebe zu Gott dann zerreißt das Band, das uns hält, und die vollkommene Harmonie des Himmelreichs wird gestört. Die Abkehr vom Willen Gottes bedeutet, sich dem Bösen zuzuwenden und in den Machtbereich Satans zu geraten. Dem Machtbereich des Bösen entkommt aber niemand ohne göttliche Hilfe.

Diese Hilfe wurde uns durch Gott in Jesus Christus, seinem eingeborenen Sohn, zuteil. Indem er im Herrschaftsbereich des Bösen vollständig ohne Sünde und in vollkommener Harmonie mit seinem und unserem himmlischen Vater als Mensch auf dieser Erde gelebt hat, hat er die Macht des Bösen und selbst den irdischen Tod überwunden. Seitdem hat der Widersacher keine Möglichkeit mehr, uns Menschen die Rückkehr zum Vater zu verwehren, wenn dies unser fester Wille ist und wir uns mit aller Entschlossenheit auf den Weg machen.

So sind wir durch Jesus, der uns zum Vater vorausgegangen ist, mit göttlicher Macht befreit und erlöst,

---

12 Vgl. u.a. Jes 14, 12.

wenn wir diese Befreiung und Erlösung als unverdientes Geschenk in Demut annehmen und dem Weg folgen, den er uns mit seinem Leben, seinen Taten und Worten gewiesen hat.

In unserem wahren Selbst, also mit unserem von Gott geschaffenen ursprünglichen Ich, tragen wir den göttlichen Geist, der uns auf ewig mit unserem Vater verbindet - auch während unserer Verbannung auf Erden. Dieser göttliche Funke seines Lichts in uns wurde mit unserer Abkehr von Gott und unserer Vertreibung aus dem Himmelreich verdunkelt.

Seitdem steht dieses Licht in uns unter dem Scheffel[13] und es muss wieder zum Leuchten gebracht werden, damit die Dunkelheit des Bösen und der Lüge vertrieben wird und wir den Weg sehen können, der uns in die Herrlichkeit der Gemeinschaft mit Gott zurückführt.

Mit seinen Taten und seinen Worten lässt uns Jesus im Namen unseres Vaters die Erkenntnis der uns verlorengegangenen Wahrheit wiederfinden. Der göttliche und in uns glimmende Funke kann damit wieder zur lodernden Flamme entfacht werden[14]. Das Licht für den Weg zurück aus unserer Verbannung, das

Licht der Wahrheit, der Liebe und des Lebens, ist uns mit Jesus, dem Wort Gottes, wiedergegeben[15]. Wir müssen uns nur auf den Weg machen! Und irgendwann

13 Vgl. Mt 5, 15; Lk 8, 16.
14 Vgl. Jes 42, 3.
15 Vgl. Jh 8, 12.

lässt uns unser himmlischer Vater heimkehren, denn keine Seele geht ihm verloren, die gefunden werden will[16].

Gottes Gegenwart verlangt Heiligkeit. Heiligkeit ist Ferne vom Machtbereich des Bösen. Nichts darf das Leben in vollkommener Harmonie und Liebe in seinem Himmelreich stören. Sein Reich, das ursprüngliche Paradies[17], in dem Jesus nach seiner endgültigen Verklärung und seinem Aufstieg zurück zum Vater regiert, ist ein Reich ohne Hass, Falschheit, Selbstsucht, Unordnung und Unfreiheit.

Gott ist gnädig und lässt uns barmherzig zurückkehren in sein Reich, sobald wir einen Grad der Heiligkeit erreicht haben, von dem aus wir uns dann nach unserem irdischen Tod zu vollkommener Heiligkeit weiter entwickeln können[18].

Diesen Reifegrad erwerben wir dadurch, dass wir uns auf den Weg zu Gott machen und uns bergen im Schatten seiner Flügel[19].

---

16 Das allerdings ist die entscheidende Einlassbedingung für die Rückkehr in das Gottesreich: Der unbedingte Wille, zu Gott zurückzufinden, damit er uns entgegenkommen kann.

17 Vgl. 2. Kor 12, 4.

18 Wann wir diesen Grad von Heiligkeit erreicht haben werden, ob dieser Grad ein allgemeiner oder individueller ist, weiß Gott allein. Wir, die wir uns im Machtbereich des Satans befinden, sind sündig und bleiben es. Nur Jesus allein blieb ohne Sünde. Daher sind wir in jedem Fall auf die Gnade Gottes angewiesen, um wieder aufgenommen zu werden. Doch man täusche sich nicht über die Erlösertat Jesu. Unsere Ursünde, unsere einstige Abkehr von Gott, ist zwar getilgt, die Sünden unseres Lebens dagegen müssen gesühnt bzw. neu vergeben werden. Wir bleiben auf Buße und Sündenvergebung angewiesen (vgl. Mk 1, 15).

19 Vgl. Ps 57, 2.

Wenn wir zurückfinden, dann wird er uns wie den verlorenen Sohn im Gleichnis, das uns Jesus geschenkt hat[20], einlassen durch die enge Pforte in sein Reich[21].

Die Grundvoraussetzung dafür, eingelassen zu werden in sein Himmelreich, ist, dass wir

- unsere Selbstüberschätzung und unsere Schuld erkennen, die uns einst von Gott getrennt hat[22];
- uns unserem von Gott geschaffenen wahren Selbst annähern - denn alles, was Gott geschaffen hat, war und ist sehr gut[23];
- erkennen, nur mit Gottes Hilfe und seiner Kraft zum Guten fähig sein zu können;

---

20 Vgl. Lk 15, 11-32.
21 Vgl. Mt 7, 13-14; Lk 13, 24.
22 Vgl. Mk 1, 15.
23 Vgl. 1. Mos 1, 31.

- unserem himmlischen Vater vollständig vertrauen, denn Vertrauen ist Liebe und Lieben heißt Vertrauen.

Ferne von Gott ist der Tod. Gottes Nähe ist das Leben.

Wenn wir eingelassen werden durch die enge Pforte werden wir in das ursprüngliche Leben zurückgeholt. Das Licht der Wahrheit und Erkenntnis wird unser Dasein erhellen und wir werden uns endgültig auf den Weg in die Herrlichkeit begeben bis uns nichts mehr von unserem himmlischen Vater scheidet und Gott sein wird alles in allem[24].

Dafür lebst Du!

---

24 Vgl. 1. Kor 15, 28.

2.2 *GOTT, Jesus, Heiliger Geist – alles eins?*

Eine Grundfrage der Zugehörigkeit zu den großen, sich christlich nennenden Konfessionen ist die nach der Anerkennung der so genannten Trinität, also der Dreieinigkeit von Gott, Sohn und Heiligem Geist.

Bereits seit Etablierung des Christentums als Staatsreligion im Römischen Reich hängt von der Beantwortung der Frage, ob an die Dreieinigkeit geglaubt wird, die Mitgliedschaft zur Kirche oder die Verurteilung als Ketzer ab. Damit muss das Dogma von der Dreifaltigkeit als zentraler Glaubensinhalt der großen christlichen Kirchen angesehen werden. Christliche Glaubensgemeinschaften, die das Dogma der Trinität ablehnen, sind selten und spielen in der „christlichen Weltgemeinde" die Rolle von Sekten oder werden als Sektierer gebrandmarkt (z.B. Christadelphian, Zeugen Jehovas).

Da mit Anerkennung der Trinität bzw. deren Ablehnung die Menschen von den großen Kirchen aufgenommen oder abgelehnt werden, damit also weitreichende Folgen für jeden einzelnen Gläubigen verbunden waren und noch immer sind - in der Frühzeit des Christentums gar Gefahr für Leib und Leben mit dessen Ablehnung bestand -, ist es zunächst ratsam, zu klären, wann die Idee der Trinität zuerst diskutiert und wie sie verstanden wurde:

Zunächst ist wichtig festzustellen, dass es für die christliche Urgemeinde, also für Menschen, die Jesus von Nazareth selbst noch gekannt haben, mit Sicherheit völlig außerhalb ihrer Vorstellung lag, eine Wesensgleichheit Gottes mit Jesus und dem Heiligen Geist anzunehmen. Eine solche Vorstellung wäre von ihnen als gläubige (Juden-)Christen mit aller Entschiedenheit als gotteslästerlich abgelehnt worden, denn die zentrale Glaubensbotschaft lautet für sie:

„Höre Jisraël! Der Ewige ist unser Gott; der Ewige ist Einer.“ (5. Mos 6, 4 [25]).

Diese Glaubensbotschaft mit der Aufforderung, Gott zu lieben mit *„deinem ganzen Herzen und mit deiner ganzen Seele und mit deiner ganzen Kraft“* (5. Mos 6, 5) wurde von Jesus selbst als das vornehmste Gebot überhaupt bekräftigt[26].

Die Lehre der Trinität wurde denn auch erst zwischen 325 n. Chr. (Konzil von Nicäa) und 675 n. Chr. (Synode von Toledo) entwickelt, also ohne Mitwirkung derjenigen, die Jesus Worte noch selbst gehört und seine Wunder selbst erlebt hatten. Angenommen wurde mit dieser Lehre die Gleichrangigkeit von Gott und seinem Sohn Jesus von Nazareth und damit die Annahme, der Sohn sei wie der Vater Gott. Und nicht nur eine Wesensgleichheit zwischen Gott-Vater und „Gott-Sohn“ bestünde, sondern auch der Heilige Geist sei Gott, woraus sich eine Trinität, eine unauflösbare Einheit, ergebe.

---

25 Nach der Übersetzung von Naftali Herz Tur-Sinai (1993).

26 Vgl. Mk 12, 29.

Festgehalten wurde diese Lehre im Nicäno-Konstantinopolitanum 381 n. Chr. (Konzil von Konstantinopel), von der katholischen Kirche 675 n. Chr. auf der 11. Synode von Toledo als Dogma formuliert, 1215 n. Chr. durch das 4. Laterankonzil bestätigt und nie mehr in Frage gestellt (im Rahmen desjenigen Konzils übrigens, das den Kreuzzug gegen die Katharer und Albigenser geplant hatte).

Gemäß dieses so genannten Glaubensbekenntnisses von Nicäa wird Jesus als *„Gottes eingeborener Sohn, aus dem Vater geboren vor aller Zeit"* angesehen, als *„Gott von Gott, Licht vom Licht, wahrer Gott vom wahren Gott, gezeugt, nicht geschaffen, eines Wesens mit dem Vater"*. Gemäß dieses Bekenntnisses wird auch geglaubt, *„an den Heiligen Geist, der Herr ist und lebendig macht, der aus dem Vater und dem Sohn hervorgeht, der mit dem Vater und dem Sohn angebetet und verherrlicht wird, der gesprochen hat durch die Propheten"*[27].

Dieser Glaube hat die Jahrhunderte überdauert; die Evangelische Kirche in Deutschland (ekd) informiert auf ihren Internetseiten[28] zum Thema „Dreieinigkeit – Trinität" darüber, dass mit dem Begriff versucht werde, das *„scheinbar Unmögliche auszudrücken, nämlich dass Gott gleichzeitig drei und einer ist"* und Trinität heiße, *„dass Gott in drei Seinsweisen existiert: als Vater, Sohn und Heiliger Geist"*. Gleichwohl – und das ist wichtig – konstatiert die ekd zu diesem Thema:

---

27 www.ekd.de/Glaubensbekenntnis-von-Nizaa-Konstantinopel-10796.htm (Zugriff: 14.04.2022)

28 www.ekd.de/Dreieinigkeit-11167.htm (Zugriff: 13.03.2022)

„Die Diskussion um die Trinität begann im vierten Jahrhundert nach Christus. Sie ist sehr philosophisch geprägt, da die Lehre von der Trinität in der Bibel nicht explizit vorkommt"(!).

Wie bereits gesagt: Die Urgemeinde, die Jünger des Jesus von Nazareth, hätten mit diesen Überlegungen nicht nur nichts anzufangen gewusst, sie hätten sich strikt gegen die Vorstellung einer Wesensgleichheit von Gott und seinem Sohn gewehrt, da es ihrem zentralen Glaubensfundament („Gott ist einer !") widersprochen hätte.

Dass Jesus selbst ein klares Verständnis von dem Unterschied zwischen ihm und seinem Vater im Himmel hatte, wird nicht nur einmal durch ihn bezeugt:

- *„Das ist aber das ewige Leben, dass sie dich, den allein wahren Gott, und den du gesandt hast, Jesus Christus, erkennen"* (Jh 17, 3).
- *„Jeder nun, der sich zu mir bekennt vor den Menschen, zu dem werde auch ich mich bekennen vor meinem Vater im Himmel"* (Mt 10, 32).
- *„Um jenen Tag aber und die Stunde weiß niemand, auch die Engel im Himmel nicht, sondern allein mein Vater"* (Mt 24, 36).
- *„Abba, Vater! Alles ist dir möglich; nimm diesen Kelch von mir! Doch nicht, was ich will, sondern was du willst!"* (Mk 14, 36).
- *„Jesus antwortete ihnen und sprach: Meine Lehre ist nicht von mir, sondern von dem, der mich gesandt hat"* (Jh 7, 16).

- *„Ihr habt gehört, dass ich euch sagte: Ich gehe hin, und ich komme zu euch! Wenn ihr mich lieb hättet, so würdet ihr euch freuen, dass ich gesagt hab: Ich gehe zum Vater; denn mein Vater ist größer als ich“* (Jh 14,28).

Die erste (christliche) Gemeinde war einmütig zusammen im Tempel, so heißt es in der Apostelgeschichte (2, 46). Wie hätten die ersten Christen einmütig im jüdischen Gotteshaus zusammen sein können, wenn diese eine Lehre vertreten hätten wie die Trinität, die fundamental dem jüdischen Glauben widersprach und auch heute noch widerspricht?

Dass auch nach der endgültigen Verklärung („Auferstehung“) Jesu noch immer nicht Gott war und sich selbst klar von seinem himmlischen Vater unterschied, wird deutlich in seinen Worten gegenüber Maria von Magdala vor dem leeren Grab: *„Geh aber zu meinen Brüdern und sage ihnen: Ich fahre auf zu meinem Vater und eurem Vater, zu meinem Gott und eurem Gott“* (Jh 20,17).

Gib es ein stärkeres Argument gegen die Lehre einer Dreifaltigkeit im Sinne des nicäischen Glaubensbekenntnisses? In jedem Fall ist die Trinität - anders als es die EKD erhofft (s.o.) - eine denkbar ungeeignete Lehre um *„scheinbar Unmögliches auszudrücken“*, denn dann müsste sie zumindest verstehbar sein. Das ist sie aber nicht. Thomas Jefferson, der dritte Präsident der Vereinigten Staaten von Amerika hielt die Trinität für

„eine unverständliche Lehre eines platonischen Mystizismus (…), dass drei eins und eins drei ist und trotzdem eins nicht drei und drei nicht eins sind (…) Ich hatte noch nie genug Verstand, um die Trinität zu verstehen, und bin der Meinung, dass das Verstehen der Zustimmung vorangehen muss"[29].

Was aber könnte - positiv gewendet - die Vorstellung von einer (Drei-)Einigkeit heißen?

Unbestreitbar ist ganz sicher, dass zwischen Gott, dem himmlischen Vater, und Jesus, seinem eingeborenen Sohn, an dem Gott sein Wohlgefallen hat[30], eine besondere Beziehung besteht; eine Beziehung, die unvergleichbar ist, die - nach Aussagen der Bibel - weder zwischen Gott und seinen Engeln und schon gar nicht zwischen Gott und den übrigen Menschen besteht. Gottes Wille ist Jesu Wille[31].

Gottes Sohn, an dem der himmlische Vater Wohlgefallen hat, ist in diese Welt geboren worden, um den Weg zum Himmelreich zu weisen, Licht in unsere Dunkelheit zu bringen, die aus unserer selbst verschuldeten Gottesferne resultiert, damit wir den Weg zu ihm zurück finden können.

Gott hat uns Menschen als sein Bild geschaffen[32], doch dieses Bild, unser wahres Selbst, ist überlagert von Schichten undurchsichtiger Firnis, so dass wir weder

---

29 Zitiert in Buzzard & Hunting, 2001, S. 5.

30 Vgl. Lk 3, 22.

31 Vgl. Jh 5, 30.

32 Vgl. 1. Mos 1, 27.

uns selbst, geschweige denn Gottes Abbild erkennen. Doch das wahre Abbild Gottes erblicken wir in Jesus von Nazareth. Er ist der Mensch, der wir sein sollen - und der wir (vielleicht) in unserem Innersten auch tatsächlich sind. Mit diesem Innersten, unserem wahren Selbst, sind wir - und zwar schon heute - dem Himmelreich verbunden[33]. Unsere Aufgabe ist es, mit Gottes Hilfe und mit dem Blick auf seinen Sohn, die Firnisschichten abzutragen und unser wahres Selbst zum Leuchten zu bringen. Dafür reicht ein einziges Menschenleben für die meisten nicht aus. Also müssen wir immer wieder neu anfangen, bis wir zurückkehren dürfen in unsere himmlische Heimat.

Insofern gibt es in der Tat eine Dreieinigkeit, nämlich die zwischen Gottes Willen, dem Willen Jesu und dem Willen unseres von Gott geschaffenen wahren Selbst. In dieser heiligen Einigkeit, deren Wiederherstellung wir in diesem Leben erstreben sollen, sind wir mit dem wahren Selbst unseres Nächsten, den Engeln im Himmelreich und Jesus Christus - unserem Bruder, Meister und König - auf ewig in Gott und mit Gott verbunden.

So sind wir - wenn für uns die Ordnung und Harmonie dereinst wieder hergestellt ist – tatsächlich eins in Gott und eins in Jesus.

„Noch eine kleine Weile, und die Welt sieht mich nicht mehr; ihr aber seht mich; weil ich lebe, sollt auch ihr leben! An jenem Tage werdet ihr erkennen, dass ich in meinem Vater bin und ihr in mir und ich in euch“ (Jh 14, 19-20).

---

33 Vgl. 1. Kor 3, 16.

Und als Gottes Kinder sind wir göttlich, doch weder Jesus, noch die Engel, oder wir sind Gott. Denn Gott ist Einer.

Nachbemerkung:

Warum ist die Beantwortung der Frage nach der Trinität für Christen so entscheidend? Warum war diese Frage bereits in den Frühzeiten den Christentums so wichtig, dass viele sich sogar freiwillig lieber als Ketzer martern ließen, als dieses Dogma anzuerkennen?

Bevor man sich „Christ" nennen kann und noch bevor man überhaupt versucht, Christ zu werden, sollte man sich darüber klar werden, wer überhaupt dieser Jesus Christus ist. Bevor ich die Palmzweige vor ihm ausbreite, um ihm nicht nur in meinem Leben willkommen zu heißen, sondern ihm mein Leben zu weihen, sollte ich wissen, wer da kommt im Namen des Herrn. Und erst, wenn ich das weiß, weiß ich wirklich, wem ich mit all meiner Kraft nachfolgen will.

„Des folgenden Tags, als viele Leute, die zum Fest erschienen waren, hörten, dass Jesus nach Jerusalem komme, da nahmen sie Palmzweige und gingen hinaus, ihm entgegen, und riefen: Hosianna! Gepriesen sei der, welcher kommt im Namen des Herrn, der König von Israel!" (Jh 12, 12-13).

Wer sich auf den Weg macht und den Spuren Jesu folgen will, der müsste zunächst einmal danach forschen, wer Christus eigentlich ist. Doch beim Suchen nach der Wahrheit über den, der sich selbst „Menschensohn“ genannt hat, begegnet man vielem, was unklar, teilweise nicht zusammenpassend, zumindest „frag-würdig“ ist.

Es fängst bereits bei seinem Namen an: Mit der griechischen Form „Iesous“ wird der Rabbi aus Nazareth mit Sicherheit niemals angeredet worden sein, erst recht werden weder seine Jünger und engsten Vertrauten noch die christliche Urgemeinde ihn jemals so genannt haben. Da ein Name aber nicht nur eine Abfolge von Buchstaben in einem Wort ist, sondern gesprochen werden und dadurch klingen soll, ist es für die Suche nach dem Menschen, der die Welt wie kein zweiter verändert hat, zunächst nötig, ihn beim richtigen, nämlich aramäischen Namen zu nennen: Je'schua[34].

Doch mit seinem Namen tut sich bereits eine Schwierigkeit auf, die sicherlich nicht nur für die Juden bis heute ein Problem für das Verständnis des Menschen darstellt, der in der christlichen Welt als auserwählter

---

34 Im Jüdischen Neuen Testament von David H. Stern (1994, S. 476) wird Jesus in der hebräischen Form „Je´schua“ (andere Form: Joschua) genannt. Dort heißt es: *„Über die Septuaginta und das Neue Testament fand der Name Iesous Eingang in die griechische Sprache. Das Wort bedeutet: „J-H-W-H rettet“ (Mt 1,21) und ist gleichzeitig die männliche Form des Substantivs „Je´schua“ („Heil“, „Rettung“). 1. Name des Messias Israels, Je´schua von Na´zeret. Im heutigen Ivrit wird Je´schuas Name „Jeschuh“ ausgesprochen, was wohl der Aussprache im damaligen Galil entspricht.“*

Sohn Gottes anerkannt wird. Denn ein zentraler Vers im Alten Testament bzw. der Thora im Hinblick auf die Prophezeiung des Messias lautet:

"Darum wird euch der Herr selbst ein Zeichen geben: Siehe, die Jungfrau wird schwanger werden und einen Sohn gebären und wird ihm den Namen Immanuel geben" (Jes 7, 14).

Dagegen wird der Mutter Jesus nach dem Evangelium von Lukas etwas anderes verheißen:

„Und der Engel sprach zu ihr: Fürchte dich nicht, Maria! Denn du hast Gnade bei Gott gefunden. Und siehe, du wirst schwanger werden und einen Sohn gebären; und du sollst ihm den Namen Jesus geben" (Lk 1, 30-31).

„Immanuel" bzw. übersetzt *„Gott mit uns"* ist eben ein anderer Name als „Jesus" bzw. *„Jeschuh"*. In Mt 1, 22-23 wird klargestellt, dass Jesus derjenige ist, den der Prophet in Jes 7, 14 gemeint hat und der „Immanuel" genannt werden würde. Aber auch, wenn man auf die Bedeutung des Namens und nicht auf den Namen selbst abhebt, und interpretiert dass *Jesus = Gott mit uns* ist[35], bleibt zumindest für diejenigen, die an der wortwörtlichen Prophezeiung festhalten, ein ernstzunehmendes Hindernis für den Glauben an die göttliche Mission des Jesus von Nazareth als angekündigter Messias. Doch für diejenigen, die Zweifel haben, dass Jesus von Nazareth der von den Propheten des alten Bundes angekündigte Messias ist, wird

35 Siehe https://arhelgerthomas.wordpress.com/2010/04/01/warum-heisst-jesus-nicht-immanuel/ (Zugriff: 13.03.2022)

weniger der Name als vielmehr ein völlig anderes Verständnis von der Mission des Messias für das Volk Israel das noch gravierendere Problem sein, mit der Folge gar, Jesus von Nazareth eben nicht als Messias sondern lediglich als einen von vielen Wanderpredigern anzusehen.

Doch nicht nur über den Namen Jesu sollte der Christ Bescheid wissen, vor allem sollte er sich klarwerden, mit welchen Bezeichnungen er beschrieben wird von denjenigen, die glauben, dass Jesus von Nazareth der auserwählte Sohn Gottes und der Messias ist, der Israel und der gesamten Welt die Erlösung aus der Knechtschaft des Bösen bringt.

Ohne Anspruch auf Vollzähligkeit hier eine Übersicht unterschiedlicher Bezeichnungen für Jesus von Nazareth in der Heiligen Schrift:

- Wunderbarer, Ratgeber, starker Gott, Ewig-Vater, Friedefürst[36]
- Messias[37]
- Christus / Gesalbter[38]
- Fürst und Retter[39]
- Erlöser[40]
- Davids Sohn[41]
- Prophet[42]
- Licht der Welt[43]
- Wort Gottes[44]
- Menschensohn / Sohn des Menschen[45]
- Rabbi / Rabbuni[46]
- König der Juden[47]
- Lamm / Lamm Gottes[48]
- Der von oben herkommt[49]
- Brot des Lebens[50]
- Guter Hirte[51]

36 Vgl. Jes 9, 5.
37 Vgl. Jh 1, 41; Joh 4, 25.
38 Vgl. Mt 1, 16; Mk 8, 29; Lk 2, 11; Jh 4, 42; Jh 11,27.
39 Vgl. Ap 5, 31.
40 Vgl. Jes 59, 20.
41 Vgl. Lk 20, 41.
42 Vgl. Jh 4, 19; Jh 6, 14.
43 Vgl. Jh 9, 5.
44 Vgl. Jh 1, 1; Offb 19,13.
45 Vgl. Mt 11, 19; Mk 2, 10.
46 Vgl. Mk 9, 5; Jh 20, 16.
47 Vgl. Mk 15, 2.
48 Vgl. Jh 1, 29; 1. Petr 19.
49 Vgl. Jh 3, 31.
50 Vgl. Jh 6, 35.
51 Vgl. Jh 10, 11.

- Tür für die Schafe[52]
- Meister[53]
- Weinstock[54].

Zu beachten ist, dass auch bei diesen Bezeichnungen bzw. Namen mögliche Übersetzungsfehler zu berücksichtigen sind. So weist z.B. Günther Schwarz darauf hin, dass der oftmals angeblich von Jesus für sich selbst gebrauchte Begriff „Menschensohn“ nicht richtig übersetzt wurde, da diesen Übersetzungen jeweils das aramäische „bar nasa“ zugrunde liege, was schlicht als „der Mensch“, „ein Mensch“, „jemand“ bedeute und von Jesus lediglich als verhüllende Umschreibung für *„ich“* gebraucht wurde - und zwar immer dann, wenn er sich - aus Bescheidenheit - scheute, „ich“ zu sagen[55].

Entscheidend ist ganz sicher, was Jesus von sich selbst und über seine Aufgabe gesagt hat: Das Johannes-Evangelium ist dafür eine wichtige Quelle, nicht zuletzt wegen der so genannten „Ich-bin“-Worte Jesu, die durch dieses Evangelium überliefert sind und die darin umfangreich wiedergegebenen Aussagen Jesu zu seiner Aufgabe auf Erden.[56]

Jesus, der Christus, ist danach von seinem und unseren Vater gesandt worden, uns die Wahrheit und Erkenntnis, das Licht, zu bringen, und uns den Weg zu Gott zurück zu weisen. Durch ihn und durch seine

---

52 Vgl. Jh 10, 7.
53 Vgl. Mt 23, 10.
54 Vgl. Jh 15, 1.
55 Vgl. Schwarz & Schwarz, 2020, S. 320.
56 Siehe dazu die Übersicht zu Selbstbezeichnungen Jesu bzw. die Aussagen von ihm über seine Mission auf Erden in Anhang I.

Worte, durch sein Wesen und Verhalten können wir Gott erkennen und damit, wie wir selbst denken, reden und handeln sollen, um unseren himmlischen Vater zu bezeugen und ihm zu gefallen. Mit seinem Leben in dieser Welt, die nicht die seine ist, hat uns Jesus die Liebe des himmlischen Vaters erkennbar werden lassen und gezeigt, wie und dass ein gottgefälliges Leben möglich ist, auch wenn diese Welt beherrscht wird vom Satan. Nur durch ihn, durch Jesus, dem Licht der Welt, können wir also den Weg und die Wahrheit erkennen und zum wahren Leben zurückfinden.

Diejenigen, die mit Jesus vertraut waren, die mit ihm gelebt, ihn erlebt und gesprochen, die ihn gekannt und erkannt haben, zeugen von ihm. Diese Zeugen sind vor allem seine Jünger, ganz besonders diejenigen, die in besonders engem Kontakt mit ihm waren, wie Petrus, Jakobus und Johannes, aber vor allem auch die (seine)[57] Frau, diejenige, die nach dem Philippus-Evangelium seine „Gefährtin" genannt wurde (Spruch 32), die von Jesus oftmals auf den Mund geküsst wurde und die *„der Herr mehr liebte als alle anderen Jünger"* (Spruch 55)[58].

Maria von Magdala nennt in ihrem Evangelium[59], Jesus den „Erlöser", also denjenigen, der den *„Menschen von seiner Unwissenheit, vom Vergessen seines Ichs, seiner Herkunft, seines Wegs"* erlösen soll.

---

57 „Jesus said to them, „My wife.....she is able to be my disciple". Vgl. King, Karen (2014). „Jesus said to them, „My wife..." A New Coptic Papyrus Fragment. Harvard Theological Review 107, No. 2, S. 131-159.

58 www.gerd-albrecht.de/Die%20Gnostischen%20Schriften/Das %20Philippusevangelium.htm (Zugriff: 18.04.2022)

59 Evangelium der Maria Magdalena (EMM), S. 66 (Leloup, 2008).

„Der Mensch wird erlöst von der Unwissenheit und dem Vergessen der Gegenwart, deren Inkarnation er ist. Die Erlösung ist also vor allem ein Wissen, eine Lehre, die ihn von seinen Bindungen und Identifizierungen mit dem, was er in Wirklichkeit nicht ist, befreit“.[60]

Nimmt man dies alles zusammen, kann man den Versuch der Beantwortung der Frage, wer Jesus ist, folgendermaßen wagen:

Jesus von Nazareth war ein Mensch wie jeder Mensch und gleichzeitig ein Mensch wie kein anderer Mensch. Er war ein Mensch wie jeder Mensch, indem er gelacht, geweint, gefeiert, geliebt, gegessen und getrunken und schließlich Todesangst gehabt und gelitten hat.

Er war ein Mensch wie kein anderer, weil er in allem vollständig den Willen seines - und unseres - Vaters

60 a.a.O., S. 66.

getan und an dem der himmlische Vater darum - im Gegensatz zu uns - sein Wohlgefallen hat. Er ist gekommen in unsere Welt, um uns, die wir einst abgefallen sind von Gott und sein Vertrauen in uns missbraucht haben und daher aus seiner Nähe verbannt werden mussten, das Licht des Lebens zu bringen.

Jesu Auftrag war es, dafür zu sorgen, dass an ihm selbst, in seinen Worten und Taten, das Himmelreich erkennbar wird. In seiner Person ist uns das Himmelreich nahe gekommen. Das Reich, aus dem er, der wahre Sohn des himmlischen Vaters, in die von Satan beherrschte Welt, die nicht die seine ist, gekommen war, um uns Blinde sehend zu machen.

Jesus von Nazareth - so hat es bereits Origenes (184/185 – 253/254) erkannt – hat den Beweis erbracht, dass höchste Gottestreue für uns Menschen möglich ist.

„In diesem Beweis bestand sein entscheidender Sieg über den Widersacher. Dieser Sieg begründete und ermöglichte gemäß Gottes Gesetz eine Schmälerung der bisherigen Rechte Luzifers. Dadurch konnte Christus alle, welche der Hölle entfliehen wollten, dieser entreissen. Sie konnten nunmehr, sofern sie sich wieder zu ihm bekannten und auf Erden ihrem Bekenntnis selbst unter Anfechtung die Treue zu halten vermochten, endgültig in Christi Reich heimkehren. Dadurch werden die Menschen - so schloss Origenes - wieder zu Kindern Gottes, sofern sie keine Sünden mehr begehen, also sich von der Kindschaft des Teufels lossagen“[61] .

---

61 Sträuli, 1987, S. 169.

Jeder, der Ohren hat zum Hören, und Augen zum Sehen, kann nun erkennen, welche Heimat auf uns alle wartet und wie wir den Weg dorthin zurück finden können.

Jeder, der dies von ganzem Herzen will, der umkehrt von seinem falschen, nichtigen Tun, wird das Himmelreich finden und kann mit Gottes Hilfe sein Leben danach ausrichten. Denn an wem es auszurichten ist, um schließlich durch die enge Pforte hindurchgehen zu dürfen, ist nunmehr klar:

Jesus von Nazareth.

2.4 Auferstehung Jesu - nur ein frommes Märchen?

Dass Jesus von Nazareth gelebt hat, kann ernsthaft kein Mensch bestreiten. Diejenigen, die diese Grundwahrheit leugnen, ignorieren selbst die Zeugnisse der nicht-christlichen Historiker und Quellen. Darüber ist ausreichend geschrieben worden[62].

Doch wie steht es mit dem größten Wunder überhaupt? Ist die so genannte Auferstehung eine ebenso nicht zu leugnende Grundwahrheit? Ja, das könnte sie sein, denn die „Auferstehung", besser: die endgültige Verklärung und Rückkehr Jesu in das Reich des himmlischen Vaters, muss nicht einfach unkritisch geglaubt werden.

Hierfür gibt es neben den zahlreichen schriftlichen Dokumenten einen echten - im wahren Sinne des Wortes - handgreiflichen Beweis, der die Jahrtausende überdauert hat und somit für jeden, der nicht nur Ohren zum Hören, sondern auch Augen zum Sehen hat, ein Pfeiler christlicher Überzeugung sein kann. Ein Beweis, der nicht nur die reale Existenz des Jesus von Nazareth als Mensch dieser Erde, sondern ebenso seine überirdische Existenz belegt:

Das Grabtuch von Turin.

---

62 Siehe z.B. Bühlmann, 2017, S. 8 ff.; Küng, H., 2007, S. 137ff.).

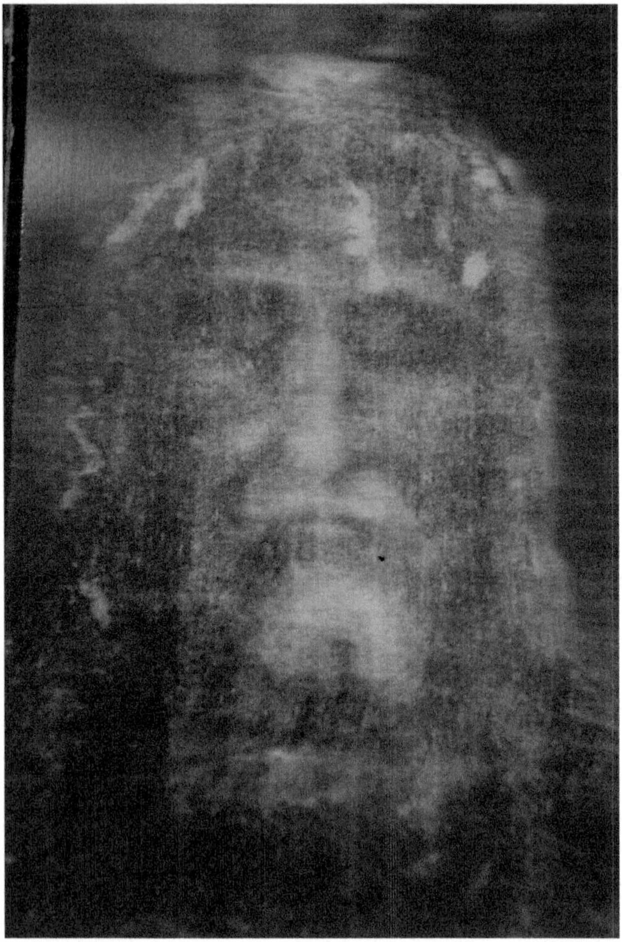

Wer sich mit der Geschichte des Grabtuchs selbst und den Begebenheiten rund um das Grabtuch beschäftigt, kann nicht anders, als zu der Überzeugung zu gelangen, dass auf dem Tuch Jesus von Nazareth abgebildet ist und zwar im Augenblick seiner - endgültigen - Verklärung[63], Umwandlung bzw. Wiederherstellung.

Allein die Tatsache, dass mit allen heute zur Verfügung stehenden wissenschaftlichen Methoden nicht erklärt - und schon gar nicht reproduziert - werden kann, wie der Körper eines eindeutig gekreuzigten Mannes in der Weise auf ein Leinentuch gebannt werden konnte, wie es beim Grabtuch von Turin der Fall ist, kann nur hartgesottene Skeptiker und Realitätsverweigerer an eine Fälschung glauben lassen.

Nach Erkenntnissen des Physikers Giulio Fanti, der im Jahr 2012 seine Untersuchungen in einer wissenschaftlichen Veröffentlichung bekannt gemacht hat, wäre ein starker Impuls elektromagnetischer Wellen im UV-Bereich imstande, eine Abbildung wie auf dem Grabtuch zu erzeugen. Allerdings: *„Um ein Bild von der Größe des Grabtuchs zu erzeugen, wären 34.000 Milliarden Watt nötig; das ist gut das Doppelte der Leistung, die derzeit auf der Erde gebraucht wird“.*[64] Auch andere Wissenschaftler und Forscher gehen davon aus, dass das Abbild des Gekreuzigten nur mittels einer unbekannten Energie auf das Tuch gebannt werden konnte.

---

63 Die erste Verklärung (Mt 17, 1-13; Mk 9, 2-13; Lk 9, 28-36) war ein Beweis für die Gottessohnschaft Jesu, anders jedoch als die erst mit der endgültigen Verklärung verbundene Wiederkehr Jesu in das himmlische Reich seines Vaters (vgl. JEv 29, 39-42 sowie S. 499).

64 ww.welt.de/kultur/history/article106151671/Professor-vermutet-Starkstrom-im-Grab-Jesu.html (Zugriff: 15.04.2022)

Zusammengenommen mit all den anderen Erkenntnissen[65], die zutage gefördert wurden, seit der Bürgermeister der Stadt Asti, Secondo Pia, im Jahr 1898 das fotografische (Negativ-)Abbild eines Gekreuzigten auf dem Tuch entdeckt hat, ist das Grabtuch von Turin ein starkes Indiz – nein, viel mehr ein Beweis – für die grundsätzliche Richtigkeit der Aussagen in den Evangelien, bei allen Mängeln, die insbesondere auf fehlerhafte Übersetzungen - und nicht zuletzt - falsche Interpretationen zurückzuführen sind.

Das bedeutet: Der materielle (grobstoffliche) Leib des Jesus von Nazareth – denn um keinen anderen Menschen kann es sich bei demjenigen handeln, der in das Grabtuch gewickelt war - wurde in nur einem Augenblick mit einer uns bis heute unbekannten extrem großen Energie verwandelt – entmaterialisiert und in einen feinstofflichen verwandelt.

Ein solcher Vorgang kann nur - in unserem begrenzten Verständnis - auf überirdische bzw. übernatürliche Weise geschehen sein. Maria von Magdala war dabei als sich der feinstoffliche Leib Jesu so verdichtete, dass er mit den Augen dieser Welt wieder erkennbar wurde.

Welche Beweise braucht es noch dafür, dass eine göttliche Kraft existiert und in Jesus von Nazareth in ganz besonderer Weise gewirkt hat und noch immer wirkt?

---

65 Vgl. u.a. Kollmann, 2010; Kersten & Gruber, 1992; Hesemann, 2010a; Hesemann, 2010b.

Die frohe Botschaft dieses Grabtuches lautet:

Das Grab ist leer.
Jesus von Nazareth lebt!

2.5 „Du sollst dir kein Bildnis machen" - was heißt denn das?

Für Christen haben die Zehn Gebote[66] einen herausgehobenen Stellenwert; sie sind für diejenigen, die Jesus nachfolgen wollen, die allererste Orientierung für ein gottgefälliges Leben. Doch die Zehn Gebote sind weder einfach im Alltag einzuhalten (wie oft lügen wir zum Beispiel, nur um höflich zu sein oder unangenehmen Fragen aus dem Weg zu gehen) und sie sind auch nicht alle klar und verständlich. Was hat es zum Beispiel mit dem im Christentum eher wenig beachteten zweiten Gebot auf sich, das vor allem von den Juden strikt befolgt wurde und wird:

„Du sollst dir kein Bildnis machen und keinerlei Gestalt dessen, was im Himmel oben und was auf Erden unten und was im Wasser unter der Erde ist"?
(2. Mos [Schemot] 20, 4)[67] .

Wie kann dieses Gebot richtig verstanden werden, zumal in einer Zeit, in der es von Bildern nur so wimmelt? Praktisch keinen Augenblick unseres Lebens sind wir frei von Bildern, mit denen wir in der Werbung auf mittlerweile haushohen Plakatwänden, im Fernsehen, im Internet oder in den so genannten sozialen Medien konfrontiert werden. Die Bilder, denen wir zwangsweise ausgesetzt werden, haben zuerst die Absicht, uns etwas zu verkaufen - und zwar im mehrdeutigen Sinne des Wortes: Bilder in Online-

---

66 2. Mos 20.
67 Nach der Übersetzung von Naftali Herz Tur-Sinai , 1993.

Katalogen sollen uns animieren, Schuhe oder Reisen zu kaufen, Bilder auf Wahlplakaten sollen uns die Redlichkeit des Kandidaten und zusammenfallende Türme einer Großstadt künftige Kriegsgegner verkaufen.

Aber daneben gibt es auch Bilder, die wir selber machen, zum Beispiel weil sie uns an Urlaubstage erinnern oder weil wir mit ihnen unsere Wohnung verschönern wollen. Wir suchen Bilder, um uns vor Augen zu führen, wie Menschen zu früheren Zeiten gelebt haben oder um zu spekulieren, wie die Zukunft aussehen wird. Wir betrachten Bilder auch einfach nur, weil sie uns angenehm berühren oder sie uns zum Nachdenken bringen.

Gerade auch in unserer Beziehung zu Gott spielen Bilder eine große Rolle. Wie viele Menschen werden wohl durch ein Bild von Jesus, das seine Kreuzigung darstellt, in besonderer Weise in ihrem Glauben gestärkt oder zumindest berührt worden sein? Für Teresa von Avila war ein Bild des Gekreuzigten Auslöser ihrer endgültigen Bekehrung:

„Meine Seele lebte schon ganz müde dahin, aber die schlechten Gewohnheiten, die sie an sich hatte, ließen sie nicht in Ruhe, obwohl sie das wollte. Da geschah es mir, daß ich eines Tages beim Eintritt in den Gebetsraum ein Bild sah, das man zur Verehrung dorthin gebracht und für ein Fest, das im Haus gefeiert wurde, aufgestellt hatte. Es war das Bild eines ganz mit Wunden bedeckten Christus und so andachtserweckend, daß es mich beim Anblick zuinnerst erschütterte, ihn so zu sehen, denn es stellte gut dar, was er

für uns durchlitten hatte. Das, was ich empfand, weil ich mich für diese Wunden kaum dankbar gezeigt hatte, war so gewaltig, daß es mir war, als würde es mir das Herz zerreißen. Aufgelöst in Tränen warf ich mich vor ihm nieder und flehte ihn an, mir ein für allemal Kraft zu geben, ihn nicht mehr zu beleidigen"[68].

Teresa von Ávila

68 Teresa v. Avila, 2001, S. 163.

Ein Bild der ganz besonderen, man möchte fast sagen der außerirdischen Art, ist das Grabtuch von Turin. Ein Bildnis des Jesus von Nazareth, das Zeugnis gibt für Leben und Aufstieg bzw. endgültiger Verklärung des Menschensohnes. Ein Tuch zwar, aber in jedem Fall auch ein Bild[69].

Doch ist die Anweisung nicht eindeutig: *„Du sollst dir kein Bildnis machen!"*?

Vielleicht ist das richtige Verständnis davon, sich kein Bild zu machen, entscheidend. Vielleicht geht es nicht so sehr um das Bild als solches, das wir nicht haben oder betrachten sollen, sondern vielmehr darum, uns kein Bildnis zu machen im Sinne einer abschließenden Beurteilung oder Bewertung. Denn - ganz ehrlich - wir machen uns doch ein Bild von allem und jedem. Wir machen uns sogar ein Bild von Menschen, die wir selbst nie gesehen oder gesprochen haben. Wir machen uns ein Bild von Ereignissen, von denen wir nur vom Hörensagen, aus Schlagzeilen oder durch Twittermeldungen Kenntnis erlangt haben. Wie können wir es erst recht wagen, uns ein Bild von dem Allerhöchsten zu machen?

Wenn wir uns ein Bildnis machen, dann kategorisieren wir, wir stecken etwas in eine bestimmte Schublade, bewerten nach unseren eigenen Maßstäben und machen uns eine eigene Vorstellung. Vielleicht ist es genau das, was Gott nicht will: Dass wir aus unserer eingeschränkten Perspektive die Welt betrachten und nach

69 Siehe Kap. 2.4.

unseren weltlichen Maßstäben über das, was wir sehen und nicht sehen, urteilen. Was aus unserer Perspektive groß aussieht, kann aus einem anderen Blickwinkel klein sein, was wir für schön halten, finden andere hässlich, was wir im Augenblick für falsch halten, kann in einem anderen Moment richtig sein.

Vielleicht will uns der himmlische Vater mit diesem Gebot auch davor bewahren, uns permanent ein Bildnis machen zu müssen, also uns vor dem Zwang beschützen, alles und jeden bewerten - urteilen - zu müssen. Vielleicht geht es darum, frei zu sein, um das, was wir sehen und wahrnehmen, so zu sehen, wie es sich uns - und zwar uns ganz allein - darstellt.

Unter diesem Aspekt bedeutet dann, sich kein Bildnis zu machen zu dürfen, ein großes Stück Freiheit, das uns davor bewahrt, falsche Bildnisse zu machen, Götzen anzubeten oder uns etwas für wahr verkaufen zu lassen, das uns allein aufgrund unseres eingeschränkten Verständnisses oder unserer mangelnden Erkenntnis vorgegaukelt werden kann.

Und ein solcherart verstandenes Bilderverbot gilt in besonderer Weise für unsere Beziehung zu unserem himmlischen Vater. Diese Beziehung - so ist es offenbar Gottes Wille – soll frei sein von Bildnissen, die wir uns oder die sich die (Schrift-)Gelehrten dieser Welt von ihm machen.

Es geht dann damit um die Freiheit, die die Wahrheit möglich macht. Frei sein von Gottesbildnissen, das heißt gleichermaßen frei zu sein für das eigene Erleben und das Bild von unserem himmlischen Vater, das in unserer Seele verankert ist.

Du sollst dir kein Bildnis machen.
Du sollst dir stattdessen ein eigenes Bild machen!

2.6 *Gibt es Engel wirklich?*

An vielen Stellen in der Bibel - nicht nur im Alten sondern gerade auch im Neuen Testament - wird auf Engel hingewiesen, die wichtige Aufgaben übernehmen. So dürften zum Beispiel ohne die Verkündigung der Engel die Hirten auf dem Felde nicht von sich aus gewusst haben, dass den Menschen in der Weihnachtsnacht der Heiland geboren wurde[70]. Auch Maria von Magdala war auf den Zuspruch von Engeln angewiesen, als sie Jesus am Ostermorgen nicht mehr im Grab vorfand[71]. Jesus, der Menschensohn selbst, - so berichtet es Matthäus - hatte Engel, die ihm dienten, nachdem ihn der Teufel verlassen hatte[72]. Er wird seine Engel aussenden, damit aus seinem Reich alle Ärgernisse und Gesetzlose verbannt werden[73], und mit Unterstützung der Engel wird jedem vergolten werden nach seinem Tun[74].

Wenn man sich allein einige der Stellen im Neuen Testament ansieht, in denen von Engeln berichtet wird, so erfahren wir von ihnen zum Beispiel, dass sie

- nicht sterben (Lk 20, 36),
- nicht heiraten (Lk 20, 35),
- die göttliche Wahrheit verkünden (Lk 24, 23),
- göttliche Weisungen weitergeben (Ap 8, 26),
- Menschen stärken und trösten (Lk 22, 43),

---

70 Lk 2, 9-14.
71 Mt 28, 5.
72 Mt 4, 11.
73 Mt 13, 41
74 Mt 16, 27.

- sich zwischen Himmel und Erde bewegen (Jh 1, 51),
- in die Geschicke der Menschen eingreifen (Ap 5, 19; Ap 12, 11),
- die Menschen bestrafen und gute von schlechten Menschen sondern (Ap 12, 23; Mt 13, 49),
- Jesus von Nazareth unterstehen (1. Petr 3, 22),
- auch sündigen und bestraft werden können (2. Petr 2, 4; Jud 6),
- Boten und Handlanger des Teufels sein (Mt 25, 41) und
- Freude empfinden können (Lk 15, 10).

Im hebräischen Original des Alten Testaments wird der Engel „mal´ak" (Bote, Gesandter; übrigens gleich auch im Aramäischen), im Griechischen des Neuen Testaments wird der Engel als „angelos" (Bote) bezeichnet. Im lexikalischen Sprachschlüssel zum Alten Testament der Elberfelder Studienbibel[75] wird darauf hingewiesen, dass im Hebräischen Wort „mal´ak" besonders die Funktion des beauftragten Gesandten betont wird, dass also der Engel bzw. Bote Gottes immer im Auftrag redet oder handelt.

Mit den Begriffen in der Bibel wird eines deutlich: Engel sind Boten, die nicht von sich aus tätig, sondern gesandt werden. Offenbar gibt es himmlische Boten Gottes - von ihnen ist in der Bibel am weitaus häufigsten die Rede -, aber auch Boten der Hölle.

---

75 2013, S. 1.655 f.

Nach dem, was Emanuel Swedenborg[76] nach eigenem Zeugnis gehört und gesehen hat, besteht der Himmel aus unzähligen Gesellschaften von Engeln[77], ja er spricht sogar davon, dass die *„Engel zusammengenommen der Himmel"* heißen, *„weil sie ihn ausmachen"*[78]. Auch über die Beziehung der Engel zu den Menschen gibt Swedenborg Auskunft.

So sei der Mensch dazu geschaffen, *„daß er in den Himmel komme und ein Engel werde; weshalb derjenige, der das Gute vom Herrn hat, ein Engelmensch ist. Es darf erwähnt werden, was der Mensch gemein hat mit dem Engel, und was er vor den Engeln voraus hat: der Mensch hat gemein mit dem Engel, daß sein Inwendiges ebenso nach dem Bilde des Himmels gebildet ist, und daß er auch ein Ebenbild des Himmels wird, inwieweit er im Guten der Liebe und des Glaubens ist: der Mensch hat vor den Engeln voraus, daß sein Äußeres nach dem Bilde der Welt gebildet ist, und daß, insoweit als er im Guten ist, die Welt bei ihm dem Himmel untergeordnet wird und dem Himmel dient; und daß alsdann der Herr bei ihm gegenwärtig ist in beiden wie in seinem Himmel; denn Er ist bei beiden überall in seiner göttlichen Ordnung, weil Gott die Ordnung ist"*[79].

Einen weiteren Erfahrungsbericht über den Austausch mit und über Engel bzw. Geister hat der damalige katholische Pfarrer Johannes Greber verfasst[80]. Er hält - so leitet er seinen Erlebnisbericht ein - die Verbindung

---

76 Swedenborg, E., o.J. (Urschrift 1758).
77 a.a.O., S. 31 f.
78 a.a.O., S. 8.
79 a.a.O., S. 42.
80 Greber, J. , 1989 (Urschrift 1932)

mit der guten Geisterwelt (Engel werden von ihm als solche guten Geister angesehen) für *„den einzigen Weg, der zur Wahrheit führt. Einen anderen gibt es nicht“*[81].

Einen solchen Weg zu gehen hänge aber, so wird er belehrt, *„von den Menschen ab, ob sie mit den Geistern Gottes in Verbindung kommen oder nicht“*[82]. Greber selbst wird in Kontakt mit Geistern kommen und dabei z.B. über Rangunterschiede der Engel aufgeklärt und er erfährt unter anderem, dass es in der Geisterwelt ähnlich zugehe, *„wie bei uns Menschen. Wenn ein Bote mit einem bestimmten Auftrag zu jemand geschickt werde, dann habe er nur das auszurichten, was ihm aufgetragen worden sei. Nichts anderes“*[83].

Über den Austausch der guten Geister mit den Menschen wird Greber folgendermaßen unterrichtet:
„Ihr könnt euch den Verkehr der guten Geister mit euch nicht menschlich genug vorstellen. Sie sind ja eure besten Freunde und bei euren Gottesdienstlichen Versammlungen in großer Anzahl vertreten. Es sind meistens Geister, die früher Menschen waren wie ihr und nun im jenseits zu Gott sich emporgearbeitet haben. Sie sind euch als Führer, Berater und Beschützer zugeteilt. Sie haben das sehnlichste Verlangen, euch schon in diesem irdischen Leben möglichst weit auf dem Wege zu Gott zu bringen, damit ihr bei eurem Scheiden von dieser Erde in eine möglichst hohe Sphäre der Geisterwelt gelangt“[84].

---

81 a.a.O., S. 8.
82 a.a.O., S. 20.
83 a.a.O., S. 26.
84 a.a.O., S. 92.

Noch über vieles mehr wird Greber im Kontakt mit den guten Geistern belehrt und selbstverständlich ist eine gesunde Skepsis immer dann angebracht, wenn angebliche Schauungen berichtet werden, die über das in der Bibel Bezeugte hinaus gehen.

Und daher ist es nicht verwunderlich, wenn solche Einzelerfahrungen - gerade in Zeiten, in denen „Über-Sinnliches“ rasch abgetan oder wegerklärt wird - bei den meisten Menschen Skepsis und Unverständnis auslösen. Skepsis ist grundsätzlich eine gute Eigenschaft, um nicht Rattenfängern auf den Leim zu gehen (*„Prüft alles, das Gute behaltet.“*[85]). Zumindest die Einleitung des Erfahrungsberichts von Johannes Greber lohnt allerdings, um sich dann auf dieser Basis für ein Weglegen oder Weiterlesen seines Buches zu entscheiden.

Wie könnte nun ein Antwortversuch lauten auf die Frage: „Gibt es Engel wirklich?“:

Engel sind so real wie die Menschen in dieser Welt. Sie leben als geistige Wesen in besonderer Nähe zu Gott und verwirklichen seinen Willen. Engel, wenn sie dazu die Weisung Gottes erhalten, stellen eine besondere Beziehung zu den Menschen her und wirken auf sie ein. Engel, so steht es an unterschiedlichen Stellen in der Bibel, trösten und nehmen die Angst.

---

85 1. Thes 5, 21

Sie sind da, wenn schier Unglaubliches und für die Menschen Unfassbares geschieht. Engeln, als den

wahren Glaubensboten, ist es gegeben - wenn Gott es will - die Trennung zwischen Himmelreich und unserer Welt zu überschreiten. Indem sich Engel unserer annehmen, kommen wir dem Himmelreich nahe. Und wenn sie da sind, gibt es keinen Zweifel mehr. Die von ihnen verkündeten Wahrheiten werden unmittelbar von denen, die diese Wahrheiten hören, verstanden und geglaubt. Sie leiten ein, dass sich Menschen verändern oder Dinge tun, die ihnen allein nicht in den Sinn gekommen wären.

Vielleicht die wichtigste Aufgabe für Engel ist es, Menschen, die sich von Gott erflehen, nach Hause, also in seine Nähe zurückkommen zu dürfen, dabei zu unterstützen, die Gesinnung wieder zu erlangen, die Voraussetzung ist für den Einlass in das Reich der Himmel.

2.7 Himmel und Hölle - alles nur Hirngespinste?

Um es bereits vorweg klarzustellen:

Der Himmel - das eigentliche Leben - ist dort, wo Gott nahe ist. Die Hölle - der eigentliche Tod - ist da, wo Gott fern ist.

Wir haben uns einst versündigt, indem wir uns von Luzifer verführen ließen und meinten, uns gegen Gottes Ordnung stellen zu können. Die Strafe war der geistliche Tod, die Ferne von Gott.

So lange wir verbannt sind, sind wir dem Tod übergeben. Über die Sphäre des Todes - das Reich der Gottesferne - herrscht Satan. Das, was uns als Leben vorkommt - hier auf Erden - ist die Hölle; die Hölle, in der wir uns verführen lassen zu Unrecht und Betrug, in der wir uns zur Lüge hinreißen lassen, in der wir um Macht, Ruhm und Einfluss kämpfen - die einen mehr, die anderen weniger; es bleibt allemal eine sündige Welt auf Erden.

Je nachdem, was jeder Einzelne lernen soll, hält dieser lebendige Tod, das Leben im Diesseits auf Erden, für jeden genau das bereit, was geeignet ist, um zu ernten, was man selbst gesät hat, sofern es noch nicht geerntet wurde[86], und zu lernen, was dazu beiträgt, dem Himmel näher kommen können.

---

86 Vgl. Gal 6, 7.

Doch nur, wenn der (eigene) Wille dazu da ist.

Die Welt in der wir leben, in der die göttliche Ordnung auf den Kopf gestellt wird, in der sich das Geschöpf Mensch anmaßt, selbst Schöpfer sein zu wollen, wird von Luzifer regiert[87]. Die Hoffnung ist: dem Machtbereich Satans, also der Hölle, können wir entfliehen, denn das Himmelreich ist uns schon jetzt nahe, wenn auch in einer für uns nicht unmittelbar zugänglichen Dimension[88].

Doch können wir - und dazu hat uns Jesus von Nazareth befreit (denn er hat den Tod und damit Satan besiegt) - schon jetzt die Grenze zum Himmelreich überschreiten, wenn wir das von ganzem Herzen wollen.

Das Himmelreich ist die Wirklichkeit, die immer schon da ist, die aber nur geschaut werden kann, wenn dafür die Voraussetzung gegeben ist. Gleichwohl: Ein dauerhaftes und vollständiges Überschreiten dieser Grenze ist uns, die wir noch im Materiellen verhaftet sind, nicht möglich. Dazu müssen wir durch den irdischen Tod erst neu geboren werden.

Jesus Christus ist uns allen dabei voran gegangen.

Aus diesem Grunde feiern wir das höchste Fest der Christenheit: Ostern.

---

87 Nicht umsonst betonte Jesus: „Mein Reich ist nicht von dieser Welt.“ (Jh 18, 36). Gleichwohl können wir bereits auf dieser Welt in allem wahrhaft Guten und Schönen, vor allem in der Liebe, einen Abglanz des Himmelreichs erkennen.

88 Vgl. Mt 10, 7.

Auf die Ableitung des Wortes „Ostern“ bzw. den Zusammenhang mit heidnischen Bräuchen soll an dieser Stelle nicht eingegangen werden. Bedauerlich ist vor allem, dass das Fest grundsätzlich nicht immer dann gefeiert wird, wenn die Juden Passah feiern. Dabei ist es doch sicherlich kein Zufall, dass die Feier der Befreiung, des Auszugs der Israeliten aus Ägypten, und die Errettung der Menschheit aus der Sklaverei des Satans, zeitlich zusammenfallen. Die zeitliche Koinzidenz ist schließlich ein wichtiger Hinweis auf die inhaltliche Koinzidenz, die im Bewusstsein verloren geht, wenn Ostern und Passah nicht grundsätzlich immer an denselben Tagen gefeiert werden.

Wie die Israeliten durch Gott und mit Mose aus Ägypten befreit wurden, so wurden wir Menschen durch Gott und mit seinem Sohn Jesus aus der Herrschaft des Widersachers befreit, dem wir uns einst in unserer Verblendung und Selbstüberschätzung angeschlossen hatten.

Erst durch den Sieg Christi über die Macht und die Versuchungen des Herrschers dieser Welt (*„In der Welt habt ihr Bedrängnis; aber seid getrost, ich habe die Welt überwunden“*[89]) sind wir frei geworden, uns aus der Macht Satans zu lösen und ihm unsere Gefolgschaft zu verweigern. Mit Christi können wir uns nun von ihm lossagen. Damit ist das Tor geöffnet, um zurückzufinden in unsere himmlische Heimat, in das gelobte Land.

---

89 Jh 16, 33.

Das Tor wurde uns geöffnet, hindurchgehen müssen wir selbst, und auch den schmalen Weg, der zum Tor führt, müssen wir selber gehen. Gott steht uns auf unserem Weg bei, genauso, wie er einst seinem Volk beistand. Wie die Israeliten unter Führung Mose vierzig Jahre durch die Wüste wanderten, um in das gelobte Land einzuziehen, so müssen wir eine für uns unabsehbare Zeit durch diese Welt wandern, um eines Tages - unter Führung Jesu - heimkehren zu dürfen.

„Ich bin der Weg und die Wahrheit und das Leben; niemand kommt zum Vater als nur durch mich" (Jh 14, 6).

Christus, der Sohn Gottes, der uns das Licht brachte und uns aus der Finsternis der Verdammung führt, ist das Leben und hat das Leben. Selbst in seinem Dasein auf Erden war er - anders als wir - niemals fern von seinem und unseren himmlischen Vater, auch wenn er in der Stunde seiner größten Qual so etwas wie Gottferne verspürt haben mag[90].

Doch anders als wir - wenn es soweit ist - vom Tod überwältigt werden, um durch ihn hindurch uns Gott wieder nähern zu können, so ist Jesus selbst im Sterben seinem Vater niemals fern gewesen. Er allein konnte den Tod überwinden, denn das Band des Lebens, das Band der Verbundenheit mit seinem und unseren Gott, ist zu keinem Zeitpunkt gerissen.

Daher sollten Christen an Ostern nicht Christi „Auferstehung" von den Toten, sondern die Überwindung der Gottferne - des Todes - durch ihn und für uns feiern.

Wir dürfen an Ostern die noch heute im Grabtuch von Turin[91] sichtbare Umwandlung seines irdischen Körpers in einen geistigen Leib und seine Heimkehr aus der Hölle, dem Machtbereich Satans, zurück ins das Reich der Himmel, feiern. Er ist uns den Weg zum himmlischen Vater vorangegangen, den wir erst finden und gehen müssen.

---

90 Mk 15, 34.

91 Vgl. Kap. 2.4

2.8 *„Vertraue auf dich selbst!“ - ein guter Ratschlag?*

Die Zeit, in der wir leben, ist geprägt von allgemeiner Hybris. „Nichts ist unmöglich“, so lautet nicht nur der Werbeslogan eines Autoherstellers, sondern dieser Satz scheint das Motto einer postmodernen Gesellschaft zu sein, die meint, sämtliche Grenzen sprengen und jedes Tabu brechen zu können. Selbstbewusstsein gilt als oberstes Erziehungsziel. Das Streben nach Mehr wird zum Selbstzweck. Doch wir leben in einer Gesellschaft, die nicht mehr weiß, wo Schluss ist - und das gilt für nahezu jeden Bereich des Lebens; es ist eine Gesellschaft, die Versuchungen als solche schon gar nicht mehr wahrnimmt und deshalb sämtlichen Versuchungen erliegt.

Mit dem Apfel fing es an…

Zugegeben, ob es wirklich ein Apfel war, ist auch durch die Bibel nicht belegt. Die erste Versuchung jedenfalls, so wird uns im 1. Buch Mose 3 geschildert, geschah im Paradies. Eva konnte der Verführung durch die Schlange, Adam konnte der Verführung durch Eva nicht widerstehen, und so wurde die verbotene Frucht gegessen. Die Folge war, dass sich von da an die Menschen - des vollständigen Behütetseins durch Gott verlustig gegangen - auf sich allein gestellt für das Gute oder das Böse entscheiden mussten.

Der eigene Wille Adams und Evas, der nicht mehr darin bestand, Gottes Willen zu tun, in dem vollen Vertrauen darauf, dass dies allein das Beste für sie sei, hatte gesiegt mit schrecklichen Folgen. Das Paradies, das Leben in unmittelbarer Nähe des himmlischen Vaters und unter seiner allumfassenden Obhut, musste verlassen werden.

Wer hat Schuld? Die hinterlistige Schlange? Eva? Adam? Hat gar Gott selbst die Versuchung provoziert, indem er in seinem Paradies einen Baum wachsen ließ, von dem nicht gegessen werden durfte? Warum stand da überhaupt mitten im Garten ein Baum, von dem gut zu essen wäre, der lieblich anzusehen und begehrenswert war?

Um dies zu beantworten, lohnt es, sich diese biblische Geschichte näher anzusehen:

Entscheidend ist nicht, ob die Schlange oder Eva Auslöser der Versuchung waren, entscheidend ist vielmehr die Versuchung selbst, nämlich der Wunsch, wie Gott sein und selbst wissen zu wollen, *„was gut und böse ist“* (1. Mos 3, 4-5).

Wie Gott sein zu wollen, heißt also, wissen zu wollen, was gut und böse, richtig oder falsch ist; das heißt, über den Maßstab Bescheid wissen zu wollen, an dem Gutes von Bösem unterschieden werden kann und in jeder Situation und unfehlbar die Folgen und Nebenfolgen eigenen Handelns oder Nicht-Handelns zu kennen. Und was entscheidend ist: dafür dann auch die Verantwortung übernehmen zu wollen und zu können.

In diesem Sinne zu wissen, was gut und böse, richtig oder falsch ist, kann allerdings nur Gott allein.

Die Versuchung bestand also für Adam und Eva darin, in Missdeutung der Gottesebenbildlichkeit des Menschen[92] die Unterschiede zwischen Gott und Mensch aufheben zu wollen und damit die unermessliche Größe, Würde und Heiligkeit Gottes zu leugnen. Der Wunsch Adams und Evas, sein zu wollen wie Gott, bedeutete, ihre Rolle als Geschöpfe verlassen und in die Rolle des Schöpfers eintreten zu wollen, eine Rolle, die ihnen nicht

---

92 Vgl. 1. Mos 1, 26-27.

zukam, die sie nicht ausfüllen konnten und die letztlich die Beziehung zwischen Gott und Mensch zerstörte - eine Beziehung, die auf Liebe aufgebaut war. Und wenn Lieben in erster Linie Vertrauen heißt, dann haben Adam und Eva diese besondere Liebesbeziehung zu Gott dadurch zerstört, indem sie nicht darauf vertrauten, dass Gott allein weiß, was richtig und gut für sie ist.

Aber warum stand denn überhaupt der verbotene Baum mitten im Paradies?

Die Früchte des verbotenen Baumes können sinnbildlich für das stehen, was dem Menschen nicht zukommt, dafür, was er von sich aus nicht genießen kann, da mit dem Genuss eine Überschätzung seiner Möglichkeiten - kurz Hybris und damit das Gegenteil von Demut - verbunden ist.

Dass der Baum mitten im Paradies steht, zeigt - so dass es jeder sehen kann - die den Menschen von Gott gegebene Freiheit, sich auch gegen seinen Willen entscheiden zu können. Gott will, dass wir Menschen frei sind und einen eigenen Willen besitzen. Darin besteht die Gottesebenbildlichkeit.[93]

Die Geschichte von Adam und Eva kann anschaulich machen, worum es gehen muss, wenn Versuchungen und Selbstüberschätzungen vermieden werden sollen, denn darum sollen wir - so hat es uns Jesus mit auf den Weg gegeben - täglich bitten:

---

93 a.a.O.

„Lass retten uns aus unserer Versuchung“ (JEv, S. XI)[94].

Jesus selbst hat erfahren, was es heißt, versucht zu werden. Nachdem er durch seine Taufe im Jordan sein wahres Selbst erfahren und die besondere Verbindung zu Gott, seinem himmlischen Vater, erkannt hatte, ging er in die Wüste, ganz sicher auch, um sich mit der für einen Menschen schier unglaublichen Tatsache auseinanderzusetzen, Gottes geliebter Sohn zu sein, an dem der himmlische Vater sein Wohlgefallen hat[95].

Mit der Erkenntnis seiner besonderen Verbindung zu Gott eröffneten sich ihm für einen Menschen unfassbare Möglichkeiten: die Macht, niemals hungern zu müssen, die Macht, niemals Schaden zu nehmen, die Macht, die Welt zu regieren[96].

Doch diese Macht war nicht die Macht, die Jesus vom Vater übertragen war; seine Macht sollte in anderer Weise, nämlich zum Heil der Menschen - als Licht der Welt, als Wort Gottes -, nicht zu eigener Ehre und eigenem Ruhm, genutzt werden.

Letztlich hätte Jesus - sofern er den Versuchungen des Widersachers göttlichen Willens, des Satans, erlegen wäre - genau so gehandelt wie Adam und Eva: er hätte der Versuchung nachgegeben, wie Gott sein zu wollen, der Versuchung, seine ihm vom himmlischen Vater gesetzten Grenzen zu überschreiten und seinen Willen

---

94 Und eben nicht wie fälschlich übersetzt : „Und führe uns nicht in Versuchung…“. Denn nicht Gott sondern Satan führt uns in Versuchung.

95 Vgl. Mt 3, 17.

96 Vgl. Mt 4, 1-11

über den Gottes zu stellen. Doch Jesus ließ Satan ins Leere laufen. Er handelte gemäß der Erkenntnis, dass nur gut ist, was vom Vater kommt und von ihm gewollt wird. Denn für ihn war unzweifelhaft, dass Gott am besten weiß, was gut für uns ist:

„Wenn nun ihr, die ihr böse seid, euren Kindern gute Gaben zu geben versteht, wie viel mehr wird euer Vater im Himmel denen Gutes geben, die ihn bitten!"[97]

Doch der Glaube ist das eine, das andere ist, diesen Glauben auch zu leben, so dass er wirksam werden kann. Was sagt Jesus dazu? Worum müssen wir uns bemühen in unserem Leben, wenn wir als Kinder Gottes aus seiner Hand die guten Gaben erhoffen dürfen? Wir kennen die zehn Gebote, wir kennen die Seligpreisungen, die Jesus in der Bergpredigt zusammengefasst hat. Und wir kennen durch Jesus auch das Gebot, welches das allerwichtigste ist:

„Das erste Gebot unter allen ist: `Höre, Israel, der Herr, ist Herr allein; und du sollst den Herrn, deinen Gott, lieben mit deinem ganzen Herzen und mit deiner ganzer Seele und mit deinem ganzen Denken und mit deiner ganzen Kraft´. Dies ist das erste Gebot" (Mk 12, 29.30)

Gott, unseren Herrn, lieben - von ganzem Herzen, ganzer Seele, mit ganzem Denken und unserer ganzen Kraft! Sozusagen: „Liebe total"! Darum geht es also. Was heißt denn das? Es heißt vor allem anderen, Gott vollständig zu vertrauen.

97 Vgl. Mt 7, 11.

Denn Liebe ist im Kern Vertrauen. Indem wir uns auf ihn allein und zwar komplett und total verlassen, wie in dieser Weise auf sonst niemand anderen - auf keine weltliche Macht und Herrschaft, selbst nicht auf diejenigen, die uns am nächsten sind, und schon gar nicht auf uns selbst (!) - erweisen wir Gott nicht nur Ehre, sondern zeigen und leben wir unsere Liebe zu ihm. Welche Macht die Liebe zu Gott hat und damit das Vertrauen in ihn, das hat Jesus seinen Jüngern klarzumachen versucht, als diese sich wunderten, dass sie einen Kranken nicht selbst heilen konnten und dies dann nur mit seiner Hilfe gelang:

„Amen! Amen! Ich soll euch sagen: Wenn ein Vertrauen in euch wäre, stark wie ein Senfkorn - ihr würdet zu diesem Berg sagen: Entferne dich! Und er würde sich entfernen." (Mt 17, 20 - JEv)

Liebe - und damit Vertrauen - ist die Bedingung, um Hoffnung zu schöpfen auch in einer Welt, die vollständig aus dem Ruder gelaufen zu sein scheint. Rettung aus dem Irrsinn dieser Welt gibt es nur, wenn wir werden wie die Kinder und uns fallen lassen in die Hände Gottes. Jesus sagt: *„Jeder, der vertraut - er kann gerettet werden. Jemand, der nicht vertraut - er kann nicht gerettet werden."* (Mk 16, 16 - JEv). Heinrich Spaemann hat die zeitlose Wahrheit über den Zusammenhang von Angst, Liebe und Vertrauen so ausgedrückt:

„Die Welt der Sicherungen, der Ansprüche und der Forderungen ist zuletzt eine Welt der Angst. Wenn die Angst heute auch auf viele Christen übergreift (...), so hat das seinen

tiefsten Grund in dem verborgenen Zwiespalt ihrer Existenz. Alle letzte Angst des Menschen kommt aus der Lüge und noch aus Resten der Lüge, in denen er lebt; ist Angst davor, dass etwas aufgedeckt wird. Die Lüge im Christen ist die, dass er sich Christ nennt und dennoch der Liebe nicht glaubt. Nur wer arm ist in dieser Welt, wer es wagt, ganz angewiesen zu sein auf die Liebe des Vaters, ganz ihr ausgeliefert, ihr allein, der fürchtet sich nicht, er vertraut. Denn „Furcht ist nicht in der Liebe" (1. Joh 4, 18)"[98]

Jegliche Versuchung ist letztlich immer damit verbunden, dass wir unser Menschsein falsch leben, unsere Fähigkeiten überschätzen und schlicht unsere Kompetenzen überschreiten, uns für vertrauenswürdiger und klüger halten als wir sind. Eine Kompetenzüberschreitung ist es, wenn wir - wie Adam und Eva - meinen, wir könnten uns über Gottes Ge- und Verbote hinwegsetzen; Regeln, die uns der himmlische Vater gegeben hat, damit es uns gut gehe.

Kompetenzüberschreitungen, die unsere Beziehung zu unserem himmlischen Vater stören, bleiben nicht ungesühnt. Im schlimmsten Falle werden wir in die Gottesferne verbannt, die für uns die Hölle ist. Und diese Hölle kann uns bereits auf dieser Welt bereitet sein. Aus ihr heraus und damit wieder in Gottes Nähe zu kommen, wird uns vielleicht erst nach vielen Erdenleben möglich sein[99]. Allein die Hoffnung bleibt, dass wir alle irgendwann in die himmlische Heimat zurückkehren dürfen,

---

98 www.bistum-aachen.de/aktuell/nachrichten/nachricht/Impuls-KW-03-2019/? (Zugriff: 13.04.2022)

99 Zur Vorstellung, dass wir mehrere Leben auf der Erde zu leben haben, siehe Kap. 2.12.

in der wir weder versucht werden, noch selbst andere in Versuchung führen.

Doch bis dahin sind wir in Gefahr, nur auf uns selbst zu setzen. So sollten wir - wie Jesus es uns geraten hat[100] - täglich beten:

„ABBA,

lass sich als heilig erweisen deine Gegenwart,

lass sich ausbreiten deine Herrschaft,

lass sich erfüllen deinen Willen.

Lass geben uns unsere Nahrung,

lass vergeben uns unsere Sünden,

lass retten uns aus unserer Versuchung[101].“

---

100 Mt 6, 9.-13; Lk 11, 2-4.

101 Das „Vater unser“ in der Rückübersetzung aus dem Aramäischen (Schwarz, G. & Schwarz, J; .2020).

2.9 *„Freiheit eines Christenmenschen“*[102]- *Es war einmal?*

"*In solchen Zeiten erweist es sich eigentlich erst, was es bedeutet, eine Vergangenheit und ein inneres Erbe zu besitzen, das von dem Wandel der Zeiten und Zufälle unabhängig ist.*" (Dietrich Bonhoeffer[103])

In solchen Zeiten wie diesen wird vielen erst richtig bewusst, was es heißt, auf Freiheit verzichten zu müssen. Gerade denjenigen, die ihr Leben bisher in großer Unabhängigkeit und Selbstbestimmung führen konnten, wird vor dem Hintergrund von staatlicherseits durchgesetzten Einschränkungen der Grund- und Menschenrechte schmerzlich klar, was Unfreiheit eigentlich bedeutet.

Mit der Begründung ein (Grippe-)Virus ausmerzen zu wollen, wurden Grund- und Freiheitsrechte außer Kraft gesetzt, die Ausübung des Berufs untersagt, Gottesdienste eingeschränkt, es wurde verboten, in gewohnter Weise Kindergeburtstage zu feiern, Enkeln wurde verboten, die vereinsamten Großeltern in den Heimen zu besuchen und so wurde noch vieles mehr durchgesetzt an Einschränkungen bislang normalen Zusammenlebens.

Kann es sein, dass so viel Unfreiheit auf der Welt herrscht, wie nie zuvor? Ach Quatsch! Das kann doch

102 Angelehnt an die Schrift „Von der Freiheit eines Christenmenschen“ von Martin Luther (1520).

103 www.von-guten-maechten.de (Zugriff: 15.04.2022).

nicht sein. Man denke an all′ die tyrannischen Systeme in der Vergangenheit, vom römischen Imperium über den Feudalismus des Mittelalters bis hin zu den totalitären Regimen der jüngeren Vergangenheit, die zumindest einige gerade in Deutschland noch sehr gut in schlimmster Erinnerung haben.

„Das kann man doch nun wirklich nicht vergleichen!“ lassen sich die Gegenstimmen eines solchen Vergleichs hören. *„Wie kann man denn allen Ernstes die Zwangssysteme der Vergangenheit mit der aufgeklärten, modernen Welt des 21. Jahrhunderts in Verbindung bringen wollen? Solche Vergleiche stellen doch nur Querköpfe, Schwurbler und Verschwörungstheoretiker an“.*

Stimmt das? Machen wir doch die Probe auf′s Exempel und prüfen wir, ob die Vorstellungen der Mächtigen, die uns heute als Heil für die Zukunft angetragen werden, mit den despotischen Systemen der Vergangenheit in Beziehung gebracht werden können oder nicht.

Was kennzeichnet denn eigentlich ein totalitäres Regime? Das Lexikon des digitalen Zeitalters, WIKIPEDIA, definiert den Begriff „Totalitarismus“ folgendermaßen[104]:

„Totalitarismus bezeichnet (…) eine Form von Herrschaft, die (…) in alle sozialen Verhältnisse hineinzuwirken strebt, oft verbunden mit dem Anspruch, einen „neuen Menschen“ gemäß einer bestimmten Ideologie zu formen. Während eine

104 Zugriff: 19.03.2022.

autoritäre Diktatur den Status quo aufrechtzuerhalten sucht, fordert eine totalitäre Diktatur von den Beherrschten eine äußerst aktive Beteiligung am Staatsleben sowie dessen Weiterentwicklung in eine Richtung, die durch die jeweilige Ideologie angewiesen wird."

Festgehalten sei hier ein wichtiges Stichwort:
„Neuer Mensch" .

Weiter heißt es bei WIKIPEDIA:

„Typisch sind somit die dauerhafte Mobilisierung in Massenorganisationen und die Ausgrenzung bis hin zur Tötung derer, die sich den totalen Herrschaftsansprüchen tatsächlich oder möglicherweise widersetzen."

Und noch ein wichtiges Stichwort: *„Ausgrenzung"*.

An dieser Stelle soll nicht vertieft und im Einzelnen auf Vorstellungen eingegangen werden, die mit dem großen Neustart, dem so genannten „Great Reset"[105], verbunden sind, der nicht nur vom Gründer des Weltwirtschaftsforums, Klaus Schwab, ganz offen und transparent als Forderung formuliert wird und dessen Gedanken in der Aussage: *„Sie werden nichts mehr besitzen und Sie werden glücklich sein"* gipfeln. Auch sollen hier nicht die kruden Ideen des Transhumanismus näher thematisiert werden, die mit dem Gedanken des „Great Reset" aufs Engste verbunden sind.

Klarmachen sollte man sich aber, dass die Idee von der Schaffung des neuen - natürlich besseren - Menschen ganz eindeutig (wieder) die aktuelle Agenda beherrscht.

---

105 Schwab, K. & Malleret, T. : COVID-19: Der Große Umbruch. 2020.

Zum zweiten Stichwort der Kennzeichnung des Totalitarismus (Ausgrenzung Andersdenkender) müsste man an dieser Stelle eigentlich gar nichts sagen. In nahezu beispielloser Weise konnte man in der jüngsten Vergangenheit miterleben, wie Menschen verunglimpft und mundtot gemacht wurden, die sich beispielsweise lediglich für ihr Grundrecht der körperlichen Unversehrtheit eingesetzt haben. Von höchsten Repräsentanten des Staates und der regierenden Parteien - immer im Verbund mit den vielfach unisono berichtenden Medien - wurden kritische Bürger als „Covidioten“, „Corona-Leugner“, „Wirrköpfe“, „Solidaritätsverweigerer“ und Schlimmeres, gern auch schlicht als „Nazis“, bezeichnet.

Allein aufgrund der Tatsache, dass man die verordneten politischen Maßnahmen ablehnte oder einfach nur infrage stellte, hatte man damit zu rechnen, sozial geächtet zu werden oder gar den Beruf und die Existenzgrundlage zu verlieren. Und nicht nur kritische Bürger wurden und werden ausgegrenzt, sondern auch diejenigen, deren Professionalität eigentlich genau darin bestehen sollte, vermeintliche Wahrheiten zu hinterfragen und ständig neu zu überprüfen: die Wissenschaftler. Wie abhängig sich wissenschaftliche Erkenntnis von den Wünschen und Vorstellungen der Politik gemacht hat, wurde selten so klar wie in diesen Tagen, in denen wissenschaftliche Reputation an das Einwerben von Drittmitteln und neuerdings auch an Sendezeiten in Talkshows geknüpft wird.

Ganz nüchtern kann also konstatiert werden, dass die zentralen Kennzeichen totalitärer Regime auf die heutige Situation durchaus zutreffen – wenngleich auch (noch) nicht in einem Maße, dass Kritik vollends unmöglich wäre oder Menschen ob ihrer politischen Ansichten verfolgt würden.

Neu allerdings ist, dass dieser - nennen wir ihn an dieser Stelle - „Totalitarismus light" einen globalen Anspruch formuliert. Neu ist auch, dass sich das Bestreben, veränderte gesellschaftliche Verhältnisse zu schaffen, nicht mehr nur auf staatlich bzw. öffentlich relevante Bereiche beschränkt, sondern explizit den Bereich des Privaten vereinnahmen will. Keine Nische, kein Bereich, der in den Vorstellungen mancher Weltverbesserer ausgespart werden darf, da Refugien der Freiheit wie Löcher in einer Mauer die Standfestigkeit des Gesamtsystems gefährden könnten.

Sind Christen aufgerufen, genau solche Löcher in die Mauer der Unfreiheit und des Zwangs zu schlagen oder wäre es für die Nachfolger Christi besser, zu schweigen und abzuwarten?

Ein Antwortversuch:

„Und Gott sprach: Lasst uns Menschen machen nach unserem Bild, uns ähnlich (…) Und Gott schuf den Menschen in seinem Bilde, im Bild Gottes schuf er ihn; als Mann und Frau schuf er sie." (1. Mos 1, 26.27)

Gott hat uns ihm ähnlich geschaffen. Gott will uns als

sein Gegenüber. Gott liebt und will geliebt werden. Lieben kann man aber nur in Freiheit, denn zur Liebe gezwungen werden kann niemand. Liebe und Zwang schließen sich gegenseitig aus. Nur als vollkommen Freie, mit eigenem Willen und eigener Urteils- und Entscheidungsfähigkeit, nur als mündige Personen, können wir unserem himmlischen Vater ein Gegenüber sein. Unsere Freiheit kommt von Gott. Denn Gott will keine Marionetten.

Wir haben die Freiheit, uns für das Leben - mit Gott und die Nähe zu ihm -, oder für den Tod - also die Gottesferne - zu entscheiden. Je weiter wir uns von Gott und seinen Geboten entfernen, die er uns für das Leben mit ihm und in seiner Gegenwart gegeben hat, desto tiefer verstricken wir uns in eine Welt, in der das Gegenteil herrscht von Liebe, Güte, Wahrheit, Schönheit und Harmonie. Die dem Himmelreich entgegengesetzte Welt ist das Reich des Bösen, das satanische Reich des Widersachers - das Reich dieser Welt, das gegründet ist auf die selbstherrliche Gesinnung der vom himmlischen Vater abgefallenen Söhne und Töchter. Das Reich des Satans ist das Reich der totalen Versklavung. Gott aber will keine Marionetten! Also dürfen wir es auch nicht zulassen, wenn Herrschende dieser Welt uns dazu machen wollen!

„Weil jeder Schmerz verschwinden soll, wird jetzt schon jede Schmerzstillung, jede Wohltat zum Hinweis auf die große Verheißung. Weil Gottes Reich ein Reich der Freiheit sein will, ist jetzt schon der Kampf gegen Unterdrückung eine Demonstration für das Reich Gottes." (Helmut Gollwitzer)

„So steht nun fest in der Freiheit, zu der uns Christus befreit hat, und lasst euch nicht wieder in ein Joch der Knechtschaft spannen!" (Gal 5, 1)

2.10 *Widerstand gegen Herrschende - Ist denn das erlaubt?*

Diejenigen, die in den 70er- und 80er-Jahren in die Schule im Westen Deutschlands gegangen sind - und ich vermute, im Osten Deutschland wird das, zwar mit anderem Zungenschlag und ideologischem Auftrag, aber nicht vollständig anders gewesen sein - werden sich erinnern: Wenn eine Tugend durch die sich damals noch eher als Pädagogen denn als Lernstoffverbreiter verstehenden Lehrerinnen und Lehrer vermittelt wurde, dann diejenige, deutlich und vernehmbar „Nein" zu sagen, wenn Unrecht geschieht.

Vor dem Hintergrund der seinerzeit noch sehr präsenten Diktatur des Sozialismus nationaler Prägung der Jahre

1933-1945 galt es, uns, der Generation, die diese Zeit nicht mehr selbst erlebt hatte, klarzumachen, dass vor allem das Wegschauen, die Ignoranz, die Untätigkeit und nicht zuletzt die Obrigkeitstreue der Großelterngeneration zu Krieg und Konzentrationslagern geführt hatte.

Kein anderes Lernziel war damals wichtiger, als aus Schülerinnen und Schülern überzeugte freiheitsliebende Demokraten zu machen. Der mündige, emanzipierte Bürger - und zwar jeder Einzelne (!) -, der zur Not aufbegehrt gegen Willkür und Schreckensherrschaft, sollte Garant dafür sein, dass diktatorische Zeiten in Deutschland endgültig der Vergangenheit angehörten.

Zumindest für den Westen Deutschlands hatte man lange Zeit den Eindruck, das könnte tatsächlich gelingen. Schließlich hatte man doch ein Grundgesetz, das in den ersten 19 Artikeln unmissverständlich die Grundrechte wie die Würde des Menschen und seine persönlichen Freiheitsrechte garantierte. Und lange Zeit konnte man davon ausgehen, dass der Artikel 19 Abs. 2 dieses Grundgesetzes auch tatsächlich galt und *„in keinem Fall (...) ein Grundrecht in seinem Wesensgehalt angetastet werden“* dürfe.

Viele Jahre sah es also so aus, als hätte das Deutsche Volk *„im Bewußtsein seiner Verantwortung vor Gott und den Menschen“* (siehe Präambel) tatsächlich mit diesem Grundgesetz ein Bollwerk geschaffen gegen das erneute Aufleben des Unrechtsstaats, der im Osten Deutschlands erst durch das Aufbegehren mutiger Bürger und die friedliche Durchsetzung ihrer Freiheit und Souveränität unter dem Leitspruch „Wir sind das Volk!“ überwunden werden konnte.

Und heute?

Heute, im Frühjahr des Jahres 2022 - seien wir ehrlich -, ist dieses Bollwerk zwar noch nicht gänzlich zur Ruine, aber doch zu einer rissigen Mauer mit klaffenden Löchern verkommen. Spätestens seit eine „epidemische Lage nationaler Tragweite“ staatlicherseits festgestellt wurde, die auf zumindest zweifelhafter Grundlage immer wieder auf's Neue ausgerufen wurde, sind die verfassungsrechtlich garantierten Grundrechte in weiten Teilen außer Kraft gesetzt. Ernsthaft in Erwägung gezogen wurde und wird die Aussetzung eines der wichtigsten Menschenrechte, des Rechts auf körperliche Unversehrtheit nämlich, mit dem Ansinnen, eine Zwangsimpfung mit einem nur bedingt zugelassenen Impfstoff durchzusetzen, bei dem die jeweiligen Hersteller keinerlei Haftung übernehmen.

Wenn sich die Regierung eines Landes mithilfe ihrer staatlichen Organe - mit welcher Begründung auch immer - des Rechts und der Freiheit seiner Bürger bemächtigt, dann erinnert das nicht nur an Zeiten des Unrechts, dann herrschen ganz offensichtlich wieder Zeiten des Unrechts.

Müssten wir also nicht als mündige, emanzipierte Bürger nun aufstehen und „Nein“ sagen, so wie wir es in der Schule gelernt haben? Die Mütter und Väter des

Grundgesetzes scheinen uns durch den Artikel 20 Abs. 4 GG dazu den Auftrag bereits erteilt zu haben:

„Gegen jeden, der es unternimmt, diese Ordnung zu beseitigen, haben alle Deutschen das Recht zum Widerstand, wenn andere Abhilfe nicht möglich ist".

Bestrebungen, die durch das Grundgesetz definierte freiheitlich, demokratische Grundordnung zu beseitigen, sind mit dem mittlerweile nicht nur kurzfristigen Entzug von Freiheitsrechten und der Aushebelung des Föderalismus, der damals bewusst als Instrument gegen Machtmissbrauch installiert worden war, offenkundig. Haben Christen also das Recht oder vielleicht sogar die Verpflichtung, Widerstand zu leisten? Greift in einem solchen Fall die (grund-)gesetzliche Aufforderung und das Recht, aufzustehen und „Nein" zu sagen?

So einfach ist es dann offenbar doch nicht. Was heißt denn zum Beispiel konkret die Bedingung, an die das Grundgesetz das Widerstandsrecht knüpft? Was bedeutet es ganz konkret, wenn es heißt *„...wenn andere Abhilfe nicht möglich ist"*? Wer stellt eine solche Situation fest? Gibt es nicht vielleicht immer eine mögliche „andere Abhilfe" oder kann und muss zumindest nicht immer auf sie gehofft werden?

Kein Wunder also, dass das Widerstandsrecht gemäß Grundgesetz eher wenig geeignet erscheint, dazu zu legitimieren, als mündige Bürger und mündige Christen in dieser Situation der Obrigkeit entgegenzutreten.

„So wie man eine freie Gewissensentscheidung nicht befehlen kann, so kann man auch nicht den Widerstand gegen staatliches Unrecht von Staats wegen reglementieren" konstatiert denn auch aus grundsätzlicher Sicht Arthur Kaufmann, der 2001 in München verstorbene Strafrechtler und Rechtsphilosoph, in der Einleitung zu dem von ihm herausgegebenen Band „Widerstandsrecht"[106].

Widerstand, so Kaufmann, *„ist nicht - zumindest nicht primär - das letzte Mittel gegen einen bereits völlig pervertierten Staat, seine erste Funktion ist vielmehr, schon den Anfängen der Perversion zu wehren". Widerstand - so führt er weiter aus - sei daher keine Sache der Gewalt - auch wenn diese nicht immer vermieden werden könne -, sondern eine Sache des Geistes, eine staatsbürgerliche Haltung: „Mißtrauen gegenüber den Mächtigen, Mut zu offener Kritik, Neinsagen zu Unrecht - auch und gerade, wenn es „von oben" kommt oder die „herrschende Meinung" ist, Weigerung, einem als verwerflich erkannten Ziel zu dienen (…)" (S. XIII).*

Widerstand muss demnach früh anfangen, wenn er erfolgreich sein soll, und er wächst von Tag zu Tag, je mehr ein System ins Unrecht abdriftet. Je länger man dabei zusieht, wie sich der Rechtsstaat zum Unrechtsstaat entwickelt, desto unwahrscheinlicher wird es, dieser Entwicklung wirksam begegnen zu können.

Kaufmann zitiert in diesem Zusammenhang Erich Kästner, dessen Werke im NS-Regime verboten und auf

106 Kaufmann, A.; i. Verb. mit Backmann, L.E (Hrsg.). 1972.

dem Scheiterhaufen verbrannt wurden:

„Die Ereignisse von 1933 bis 1945 hätten spätestens bis 1928 bekämpft werden müssen. Später war es zu spät. Man darf nicht abwarten, bis der Freiheitskampf Landesverrat genannt wird. Man darf nicht warten, bis auf den Schneeball eine Lawine geworden ist. Man muß den rollenden Schneeball zertreten. Die Lawine hält keiner mehr auf. Sie ruht erst, wenn sie alles unter sich begraben hat… Drohende Diktaturen lassen sich nur bekämpfen, ehe sie die Macht übernommen haben. Es ist eine Angelegenheit des Terminkalenders, nicht des Heroismus…“.[107]

Aber was heißt denn das alles für die Nachfolger Christi? Kann eine solche Aufforderung zum frühen Widerstand, wie sie Erich Kästner formuliert hat, Geltung beanspruchen bei Menschen, die sich als Christen verstehen?

Hat Jesus Christus nicht gesagt: *„Liebt eure Feinde“*[108] , *„Mein Reich ist nicht von dieser Welt“*[109] und *„Gebt dem Kaiser, was des Kaisers ist“*[110]? Hat nicht auch Paulus, der für den Aufstieg und die Verbreitung des Christentums so eminent wichtige Nachfolger Jesu, ganz klar geschrieben:

„Jedermann ordne sich den Obrigkeiten unter, die über ihn gesetzt sind; denn es gibt keine Obrigkeit, die nicht von Gott

---

107 Rede E. Kästners auf der Hamburger Tagung des PEN-Clubs aus Anlass der 25. Wiederkehr des Jahrestages der Bücherverbrennung, 1958. In: Kaufmann, a.a.O., S. XIII f.

108 Lk 6, 27.

109 Jh 18, 36.

110 Mk 12, 17.

wäre; die bestehenden Obrigkeiten aber sind von Gott eingesetzt. Wer sich also gegen die Obrigkeit auflehnt, der widersetzt sich der Ordnung Gottes; die sich aber widersetzen, ziehen sich selbst die Verurteilung zu" (Röm 13, 1- 2)?

Tja, damit hätte es sich wohl erledigt mit Gedanken über den Widerstand gegenüber den Unrecht-Herrschern dieser Welt durch diejenigen, die Jesus Christus nachfolgen wollen, oder? Sind Christen damit raus aus der Verantwortung? Zurücklehnen und einfach abwarten, was weiter passiert?

Vielleicht können es sich die Nachfolger Jesu denn doch nicht so einfach machen.

Um direkt bei Paulus anzuknüpfen, der den Christen scheinbar jegliches Widerstandsrecht abspricht und den Gehorsam predigt. Er war es aber auch, der an gleicher Stelle geschrieben hat: *„Ist Gott für uns, wer kann gegen uns sein?* (Römer 8, 31). Und seine Mit-Apostel, die im Unterschied zu ihm, Jesus auch selbst haben reden gehört, machten vor dem Hohen Rat und dem Hohepriester damals unmissverständlich klar:
„Man muss Gott mehr gehorchen als den Menschen!" (Ap 5, 29).

Für Christen muss in jeder Frage letztendlich immer ausschlaggebend sein, was Jesus gesagt hat und wie er seine Worte verstanden wissen wollte. In der Frage, welches Recht oder welche Pflicht wir als Christen zum Widerstand gegen Unrecht haben, ist es also wichtig, auf sein Wort zu hören und zu versuchen, die Bedeutung seiner Worte in seinem Sinne zu verstehen.

Denn eines scheint unzweifelhaft: Widerstand gegen Unrecht durch diejenigen, die Jesus nachfolgen, muss im Einklang mit seiner Lehre stehen und sich an seinem Handeln orientieren. Das allein muss der Maßstab sein. Und wenn man danach forscht, in welcher Weise sich Jesus der Obrigkeit gegenüber verhalten hat, stößt man eben nicht auf die oftmals falsch interpretierte Gehorsamspflicht, die Paulus angeblich anmahnt, sondern auf ein Verhalten, das auf einer klaren Grundlage basiert, nämlich der, Gottes Willen zu tun und nicht gegen den Willen des himmlischen Vaters zu handeln.

Schon die Flucht Josefs mit seiner Familie nach Ägypten, um den Fängen des Herodes zu entkommen, war eine Art von Widerstand gegen die Obrigkeit[111] und bereits in sehr jungen Jahren wandte sich Jesus selbst gegen seine unmittelbaren Autoritäten. Die Begebenheit, als Jesus nach dem Passahfest ohne Wissen seiner sich um ihn sorgenden Eltern in Jerusalem zurück blieb, diese ihn schließlich nach drei Tagen im Tempel fanden und er zur Antwort gab:

„Weshalb habt ihr mich gesucht? Wusstet ihr nicht, dass ich in dem sein, was meines Vaters ist?“ (Lk 2, 49), war eine deutliche Absage an die Kompetenz seiner Erziehungsberechtigten und sicherlich zu jener Zeit ein schier unerhörtes Ereignis.

---

111 Vgl. Mt 2, 13-15.

Später hat Jesus des öfteren - in einem Falle sogar handgreiflich - Widerstand gegen die herrschende Elite geleistet:

„Und Jesus ging in den Tempel Gottes hinein und trieb hinaus, die im Tempel verkauften und kauften, und stieß die Tische der Wechsler um und die Stühle der Taubenverkäufer. Und er sprach zu ihnen: Es steht geschrieben: „Mein Haus soll ein Bethaus genannt werden!". Ihr aber habt eine Räuberhöhle daraus gemacht" (Mt 21, 12-13).

Diese Tat Jesu war nicht in erster Linie gegen die Händler im Tempel gerichtet, seine Handgreiflichkeit war eher symbolisch denn gewalttätig. Nein, dies war vor allem ein Akt von Widerstand gegen diejenigen, die für die seinem und unserem Vater missfallenden Zustände im Tempel verantwortlich waren. Die Folge war denn auch, dass die Tempelobrigkeit, die Hohenpriester und Schriftgelehrten danach trachteten, *„wie sie ihn umbringen könnten"* (Mk 11, 18).

Ebenfalls gegen die Mächtigen und geistlichen Führer jener Zeit wandte sich Jesus mit seinen Seligpreisungen, bei denen er der üblichen Interpretation der Thora durch die Schriftgelehrten und Pharisäer eine Absage erteilte und den eigentlichen Sinn der mosaischen Ge- und Verbote gerade rückte mit den Worten: *„Ihr habt gehört, dass zu den Alten gesagt ist… Ich aber sage euch…“*.[112]

Nicht nur einmal warnte Jesus diejenigen, die die Autorität beim Volk genossen und ihm Vorschriften machten: *„Wehe auch euch Gesetzesgelehrten! Denn ihr ladet den Menschen unerträgliche Bürden auf, und ihr selbst rührt die Bürden nicht mit einem Finger an“* (Lk 11, 46).

Und gleichermaßen warnte er das Volk und seine Jünger vor jenen geistlichen und politischen Autoritäten, die kein gottgefälliges Leben führten: *„seht euch vor, hütet euch vor dem Sauerteig der Pharisäer und vor dem Sauerteig des Herodes!“* (Mk 8, 15).

Selbst in der größten persönlichen Not, in der es für ihn um Kopf und Kragen ging, schreckt Jesus nicht davor zurück, der Obrigkeit die Stirn zu bieten. Seine Weigerung, auf die Anklagen der Priester gegen ihn zu antworten[113], und gleichermaßen seine Weigerung, vor dem Herodes Antipas auszusagen (*„Er legte ihm denn auch viele Fragen vor; aber er gab ihm keine Antwort“* (Lk 23, 9)) ist nicht anders zu werten als eine Form des Widerstands gegen die staatliche Obrigkeit; Widerstand gegen eine Obrigkeit, die im übrigen von Jesus nicht als

112 Vgl. Mt 5, 22 + 28 + 32 + 34 + 39 + 44.

113 Vgl. Mk 15, 3.

die für ihn maßgebliche anerkannt wird.

Nach diesen wenigen Beispielen sollte die Frage geklärt sein, ob ein Nachfolger Jesu im Sinne des (falsch verstandenen) Paulus der Obrigkeit in jedem Fall Gehorsam schulde, oder ob der gläubige Christ nicht vielmehr aufgefordert sei, einer Obrigkeit zu trotzen, die nicht nur fahrlässig ihre Pflichten verletzt, die wissentlich und mutwillig Recht und Gesetz missachtet, die vor allem gegen göttliche Gesetze verstößt und - noch schlimmer - die kraft ihrer Macht, andere dazu nötigt, ihrerseits gegen göttliche Gesetze zu verstoßen.

Die Antwort auf die Frage, ob Widerstand gegen solche Herrschenden im Sinne Jesu erlaubt ist oder nicht, kann daher nur lauten:

Ja, der Widerstand ist erlaubt.
Ja, der Widerstand ist erforderlich.

Doch Widerstand ist nicht gleich Widerstand. Was kann man aus der Art des Widerstandes, den Jesus den Mächtigen dieser Welt entgegensetzte, für unser Verhalten lernen? Analysiert man die Situationen, in denen Jesus Widerstand geleistet hat, dann zeigen sie die folgende Merkmale:

- Der Widerstand erfolgt ohne Gewalt, die andere ernstlich schädigt.
- Der Widerstand folgt dem Prinzip, dass das Ziel bereits im Handeln erkennbar ist.

- Der Widerstand erfolgt unter Einsatz persönlicher Nachteile, uneigennützig und ohne Aussicht auf persönlichen Gewinn.
- Der Widerstand beruht auf Grundlage der Erkenntnis, dass Gott die allein gültige Autorität ist und ihm daher mehr zu gehorchen ist, als den Menschen.
- Der Widerstand ist darauf gerichtet, die Wahrheit gegen die Lüge, das Recht gegen das Unrecht zu verteidigen.
- Der Widerstand erfolgt zuvörderst durch das Wort.

In diesem Sinne verstanden, kann Widerstand gegen Unrecht zum Ziele führen und Widerstand gegen Unrecht orientiert an der Lehre und dem Handeln Jesu wird ganz sicher auch in jedem Fall zum Ziel führen. Wenn nicht heute, dann morgen.

„So unterwerft euch nun Gott.
Widersteht dem Teufel, so flieht er von euch.“ (Jak 4, 7)

2.11 *Heilige - heute noch?*

„Ihr sollt heilig sein" - so lautet Gottes Aufforderung an uns Menschen[114]. Doch was kann das heißen? In aller Regel ist unsere Vorstellung von Heiligkeit mit unserem Begriff über „Heilige" und damit aufs Engste verbunden mit dem, was die christlichen Kirchen, insbesondere die katholische, unter „Heiligkeit" verstehen. Die römisch-katholische Kirche hat für die Feststellung von Heiligkeit eine klare Vorstellung, die sich manifestiert in den für Selig- bzw. Heiligsprechungen erforderlichen Voraussetzungen, die der jeweilige Papst allerdings auch ändern kann.

Die seit 2017 geltenden Vorgaben durch Papst Franziskus sehen die *„freie und freiwillige"* Hingabe des Lebens aus Nächstenliebe für einen anderen Menschen und den damit verfrühten Tod als eine Voraussetzung für Heiligkeit an.[115] Ein solches Verhalten wird als *„wahre, vollständige und beispielhafte Nachahmung Jesu"* angesehen und verdiene - so der Papst - „d*ie gleiche Verehrung durch die Gläubigen, wie Märtyrer oder Christen, die den heroischen Tugendgrad erfüllen"*.

Voraussetzung für die Anerkennung von Heiligkeit sind weiter *„die Akzeptanz eines sicheren und bald nahenden Todes sowie eine Verbindung der Hingabe des Lebens mit einem frühzeitigen Tod. Zudem muss der Kandidat bis zu seinem Tod ein christliches Leben geführt haben.*

---

114 Vgl. 3. Mos 19, 2; 1. Petr 1, 16.

115 https://domradio.de/artikel/papst-aendert-regeln-fuer-selig-und-heiligsprechungen (Zugriff: 20.03.2022)

Weiter sollten „Durst nach Heiligkeit" sowie entsprechende Anzeichen spätestens nach dem Tod auftreten. Für eine Seligsprechung ist zudem ein Wunder nötig" (ebenda).

Solche Vorstellungen implizieren eines: Nur sehr wenige Menschen können - auch wenn sie sich noch so sehr anstrengen - heilig werden. Heiligkeit kann ihnen gemäß der katholischen Vorgaben nur dann attestiert werden, wenn sie in besonderem Maße für ihren Glauben gelitten, sich mit tödlichem Ergebnis für andere eingesetzt haben oder wenn durch sie Wunder gewirkt wurden (folgerichtig gibt es auch für die Anerkennung von Wundern klare Regeln).

Und damit wird deutlich: Entweder hat Gott mit der Aufforderung *„Ihr sollt heilig sein"* nur einen ganz kleinen Personenkreis angesprochen, oder aber das heutige Verständnis von Heiligkeit und einem heiligen Leben trifft nicht das, was Gottes Vorstellung ist.

Dass sich die ursprüngliche Aufforderung, heilig zu sein, nur an wenige Auserwählte richtet, kann nicht stimmen. Denn schließlich hat Gott durch Mose dem ganzen Volk Israel eine Reihe von Ge- und Verboten auf den Weg gegeben, die ihnen eine klare Richtschnur für ein heiliges Leben sein sollen. So sollen sie zum Beispiel Gottes Feiertage halten, sich nicht an Götzen wenden, bei der Weinlese die abgefallenen Beeren den Armen überlassen, nicht falsch schwören, den Nächsten nicht berauben, nichts essen, worin noch Blut ist oder sich der Zauberei und den Zeichendeutern verweigern[116].

116 Vgl 3. Mos 19, 3-37.

Diese Vorschriften für das Volk Israel verlangen eigentlich nichts Unmögliches oder Heldenhaftes. Irrt die katholische Kirche also in Sachen „Heiligkeit“? Oder hat sie nur den Nachsatz in 3. Mos 19,2 und damit die Begründung des Aufrufs Gottes zur Heiligkeit in besonderer Weise interpretiert, der da lautet: „*..., denn ich bin heilig, der Herr, euer Gott*“?

Könnte es sein, dass „*....denn ich bin heilig...*“ von der Kirche auf Jesus Christus bezogen und von seinem Leben Regeln für Heiligkeit entworfen wurden, die vor allem sein Martyrium bis an den Tod in den Blick genommen und in den Mittelpunkt gestellt haben? Soll vom Leiden Jesu abgeleitet also mit Heiligkeit allein ein Leben in leidvoller, schmerzhafter, gar tödlicher Hingabe für andere gemeint sein?

Wenn die Aufforderung „Seid heilig“ nicht nur an ein paar wenige Auserwählte gerichtet ist - und alles spricht dafür -, dann muss unter einem „heiligen Leben“ etwas anders gemeint sein. Dann muss schließlich auch der Nachsatz „*...denn ich bin heilig*“ anders interpretiert werden, als es die Kirche tut.

Gibt es also eine Lesart, die hilfreicher für das Verständnis von Heiligkeit ist? Was ist eine besondere Eigenschaft Gottes? Was kann es bedeuten, wenn Gott sagt: „Ich bin heilig“?

Der himmlische Vater ist nicht von dieser Welt.
Gott ist nicht den Regeln und Begrenzungen unserer Welt unterworfen, er steht über den menschlichen

Gesetzen, ist nicht verquickt mit dem Bösen, ist reine Liebe, Wahrheit, Güte.

Seine Heiligkeit besteht darin, geschieden zu sein von allem Schlechten, das uns Menschen täglich umgibt, das wir täglich selber ausrichten und zu verantworten haben.

Der Heiligkeit Gottes nachzueifern, bedeutet dann also in erster Linie, sich abzusondern von allem Bösen und Schlechten dieser Welt, zu leben nicht nach menschlichen, sondern nach göttlichen Gesetzen.

Wie kann das gelingen?

Viele haben in der Vergangenheit - und auch heute noch - diese „Absonderung" physisch gelebt, indem sie in die Wüste oder ins Kloster gegangen sind, sich der Gemeinschaft mit der Welt verweigerten, um ein „heiliges Leben" nach eigenen Regeln oder Regeln von „Heiligen" führen zu können. Viele sind - und sie haben das oftmals selbst bestätigt (zum Beispiel Teresa von Avila) - dem himmlischen Vater und seinem Sohn Jesus dabei in ganz besonderer Weise nahe gekommen.

Ein solches Leben in selbst gewählter physischer Absonderung von dieser Welt war und ist in aller Regel verbunden mit dem Verzicht auf alles, was von den meisten Menschen für erstrebenswert gehalten wird. Verzichtet wird auf Macht, Ruhm, Reichtum, Bequemlichkeit, aber auch auf Freiheit, Ehe und Sexualität, mitunter gar auf Gemeinschaft und mündliche Kommunikation. Ganz bewusst wird das Leiden und der Schmerz gesucht, um - wie es bei vielen, die diesen Weg gewählt haben, heißt - dem Leiden Jesu nahe zu kommen, sein Leiden nachzuvollziehen, gar sein Leid lindern zu wollen.

Muss also ein heiliges Leben ein leidvolles Leben sein?

Was sagt unser himmlischer Vater dazu? Die Regeln, die Gott durch Mose seinem Volk verkünden lässt[117], damit diese heilig leben, sind und waren sicherlich nicht einfach zu befolgen, sie stehen aber auch nicht einem Leben entgegen, in dem man Freude empfindet, in ehelicher Gemeinschaft lebt und Annehmlichkeiten, wie gute Nahrung und gute und ansehnliche Kleidung, genießt; für das Einhalten der Ge- und Verbote Gottes, die Mose den Israeliten verkündet, wären selbst

117 a.a.O.

Reichtum und Macht keine generellen Hinderungsgründe.

Wie also sonst kann ein heiliges Leben geführt werden? Die physische Absonderung hinter Klostermauern, in der Wüste oder im Wald macht es sicherlich einfacher, sich vom Unrat dieser Welt zu befreien und sich auf die Gemeinschaft mit Gott, seinem Sohn, unserem Herrn Jesus, und seinen Heiligen und Engeln zu besinnen.

Doch die Nähe zu Gott und seinem Himmelreich können wir auch suchen in der geistlichen Absonderung von dieser Welt, indem wir uns befreien von den menschengemachten Zwängen, den Eitelkeiten, dem Frevel und Spott dieser Welt.

Heilig leben heißt dann, so zu leben, dass das wichtigste Gebot erkennbar unser Denken, Reden und Handeln bestimmt, nämlich Gott zu lieben - d.h. vor allem, ihm zu vertrauen - von ganzem Herzen und mit ganzer Seele - und seinen Nächsten wie sich selbst[118].

Und indem wir gemäß diesem Gebot denken, reden und handeln, können wir hoffen, geheiligt zu werden, d.h. Gott und seinem Reich besonders nahe zu kommen, dann allerdings nicht, um angebetet zu werden, sondern um zum Glaubensboten zu werden und zu künden von der Wahrheit, die allein selig macht.

---

118 Mk 12, 33. Anm.: Das Gebot, den Nächsten zu lieben (nur!) wie sich selbst, befreit von der irrigen Vorstellung, auch den Frevler lieben zu sollen wie man Gott lieben soll.

„Deine Heiligen, o Herr,

künden von der Herrlichkeit deines Königtums.

Danken sollen dir, Herr, all deine Werke

und deine Frommen dich preisen.

Sie sollen von der Herrlichkeit deines Königtums reden,

sollen sprechen von deiner Macht.

Sie sollen den Menschen deine machtvollen Taten verkünden

und den herrlichen Glanz deines Königtums.

Dein Königtum ist ein Königtum für ewige Zeiten,

deine Herrschaft währt von Geschlecht zu Geschlecht.

Gerecht ist der Herr in allem was er tut,

voll Huld in all seinen Werken.

Der Herr ist allen, die ihn anrufen, nahe,

allen, die aufrichtig zu ihm rufen."[119]

---

119 erzabtei-beuron.de/schott/register/proprium.kal/schott_anz/index.html?file=proprium%2FAugust24.htm (Zugriff: 12.04.2022)

2.12 *Ist mit dem Tod alles vorbei?*

Wer dieses Bändchen bis hier hin gelesen hat, der könnte dieses Kapitel auch überspringen, wenn er lediglich an einer kurzen und knappen Antwort interessiert ist, denn diese dürfte nunmehr eigentlich klar sein:

Mit dem (irdischen) Tod ist nichts vorbei. Im Gegenteil!

Doch bis zu diesem Kapitel haben wir uns noch nicht so recht damit beschäftigt, wie man sich die Erlösung und die Wiederauferstehung bzw. Wiederbelebung vorstellen kann. Unter den Juden zur Zeit Jesu war dies ebenfalls eine offene Frage, auf die je nach Glaubensrichtung unterschiedliche Antworten gegeben wurden. Für die Sadduzäer zum Beispiel war mit dem irdischen Tod tatsächlich alles vorbei.

Doch unmissverständlich hat ihnen Jesus auf ihre Nachfrage zur Auferstehung geantwortet:

Gott „ist aber nicht ein Gott der Toten, sondern der Lebendigen; denn für ihn leben alle!"(Lk 20, 38).

Ganz eindeutig hat Jesus auch von denjenigen gesprochen, die gewürdigt werden, jener Weltzeit und der Auferstehung von den Toten teilhaftig zu werden und die dann Engeln gleich werden und nicht mehr heiraten und nicht mehr sterben können.[120]

---

120 Vgl. Lk 20, 34-36.

Was können wir aus Jesu Antwort herauslesen?

1. Für Gott gibt es nur Lebendige.
2. Nicht alle werden der „Auferstehung" teilhaftig.
3. Nach der „Auferstehung" von den Toten werden wir den Engeln gleich.
4. Nach der „Auferstehung" ist der irdische Tod überwunden.

Die Antwort Jesu an die Sadduzäer ist von so umfassender Tiefe, dass sich aus ihr alle wichtigen Unklarheiten beseitigen lassen, die sich im Zusammenhang mit der Frage nach dem Tod ergeben könnten. Hier soll der Versuch gemacht werden, dies näher auszuführen und zu erklären:

Der Mensch, als Kind Gottes, kann vor Gott nicht sterben. Gott selbst ist unsterblich, also auch seine Kinder. Der Mensch als im Kern geistiges Wesen kann sich - im Gegensatz zu seinem materiellen Körper - nicht in Nichts auflösen. Der geistige Kern ist unauslöschbar und damit ewig.

Der Tod - im Sinne der Abwesenheit von Gott - ist die Macht des Satan. In seinem Machtbereich bewegen wir uns auf dieser Erde, auf der wir lernen müssen, uns Gott wieder anzunähern.

„Das Leben der Menschen auf Erden ist geistig gesehen eine Schule, in der er sich durch ein wahrhaft christliches Leben um seinen Aufstieg, um seine Rückkehr ins Reich Gottes, bemühen und bewähren soll. Auf das Ende eines Erdenlebens, das zahlreiche Prüfungen für einen jeden mit sich bringt, folgt die ´Ernte`"[121].

Wenn die Ernte des Lebens für zu gering erachtet wird, dann muss weitergelernt werden in der Schule des irdischen Lebens. Doch wer diese Schule erfolgreich absolviert und sich als geeignet erweist, den Machtbereich des Widersachers zu verlassen, der kann nicht mehr zurückgehalten werden. Der Satan kann nur über diejenigen herrschen, die ihm der Gesinnung nach angehören. Alle, die zu Gott zurück wollen - aus freiem Willen und Entschluss -, den kann der Teufel nicht daran hindern. Das ist die Erlösung, die Jesus durch seinen Sieg im Kampf mit dem gefallenen Engel für uns erwirkt hat, die Erlösung aus den Klauen des Bösen - wenn wir es denn nur wirklich wollen[122].

Doch vielen ist offenbar der Zusammenhang zwischen ihrem irdischen, endlichen Leben und dem geistigen, unendlichen Leben entweder nicht klar, oder sie sind schlicht im Materiellen dieser Welt gefangen und können oder wollen sich von dem Sicht- und Greifbaren des Irdischen nicht lösen.

„Betrachte dir das Leben der meisten Menschen! Ist nicht ihr ganzes Sinnen und Trachten auf das Irdische gerichtet? Wie

---

121 Hinz, Walther (1982), S. 146.

122 Vgl. a.a.O., S. 137f.

viele denken überhaupt an Gott und glauben fest an ihn und tun das Gute? (...) Der Materialismus ist es vor allem, der die Menschen gefährdet. Mit dem irdischen Besitz und der irdischen Macht haben Luzifer und sein Anhang ein Mittel, ´durch das sie über den größten Teil der Menschheit eine unumschränkte Macht ausüben`"[123].

Jesus hat das in dem bekannten Bild so ausgedrückt:
„Denn es ist leichter, dass ein Kamel durch ein Nadelöhr geht, als dass ein Reicher in das Reich Gottes hineinkommt" (Lk 18, 25).

Und Paulus hat in seinem Brief an die Galater (6, 7) klar gemacht: *„Irrt euch nicht! Gott lässt sich nicht spotten. Denn was der Mensch sät, das wird er auch ernten."*

Dass geerntet wird, was gesät wurde, das ist die unbestechliche, absolute Gerechtigkeit Gottes, der keiner entgehen wird. Zwar ist damit eine klare Warnung für das Leben auf dieser Erde verbunden, doch die Gerechtigkeit Gottes ist auch die größte Hoffnung, die wir haben. Wir müssen nur das Richtige säen! Und wenn die Saat oder das Saatgut nicht gut war - das Aufgehen der Saat liegt nicht in unserer Macht -, dann muss nochmals nachgesät werden - und zwar in einem weiteren Leben auf dem Schulungsplaneten Erde.

Die Vorstellung von der Wiedergeburt bzw. Reinkarnation mag den ein oder anderen schockieren. Vielleicht werden spätestens jetzt viele Christen versucht

---

123 Botschaften aus dem Jenseits der Geistigen Loge Zürich; zit. in Hinz, W. (1982), S. 144.

sein, das Buch aus der Hand zu legen und in die Ecke zu werfen. Ihnen sei gesagt, dass der Gedanke der Wiederbelebung durchaus kein Gedanke ist, der dem Christentum fern läge[124]. Die Katharer, eine zwar sehr spezielle aber ganz sicher zutiefst christlich empfindende Religionsgemeinschaft des Mittelalters, nahmen unter anderem für ihren Glauben an die Reinkarnation die Verfolgung und schließlich Ausrottung durch die damalige päpstliche Kirche in Kauf.

Entgegen des auch heute noch starken Vorbehalts der verschiedenen christlichen Gemeinschaften gegenüber der Vorstellung, mehrfach ein Leben auf der Erde zu durchleben[125], bietet der Gedanke der Wiederverkörperung eine besonders geeignete Möglichkeit, zu erklären, dass Gott einerseits ein liebender Vater ist, der keinen seiner Kinder endgültig und für immer verbannen wird, der aber andererseits dafür sorgt, dass Gerechtigkeit geschieht und nur diejenigen in seine heilige Nähe kommen können, die sich dieser Nähe würdig erweisen.

Welchen Sinn hätte Jesu dringender Aufruf zu Buße und Umkehr gehabt, wenn dann am Ende des jetzigen Lebens doch jeder in das Gottesreich eingelassen würde, unabhängig davon welches Leben er geführt hat?

---

124 Dass der Gedanke der Reinkarnation oder Wiederverkörperung entgegen der üblichen Vorstellung nicht nur mit der christlichen Lehre vereinbar ist, sondern ein ursprünglicher Glaubensinhalt Jesu sowie der Urgemeinde war, legt u.a. Till A. Mohr (2004) dar. Siehe u.a. auch Hinz. W. (1982).

125 Auf die in der Literatur zahlreich dokumentierten Zeugnisse von Nahtoderfahrungen oder des Déjà-vu-Phänomens soll an dieser Stelle nur hingewiesen, diese aber nicht weiter ausgeführt werden.

Welchen Sinn hätte aber auch sein Hinweis: „*niemand kommt zum Vater als nur durch mich*" (Jh 14, 6), wenn ganz viele Menschen in ihrem jetzigen Leben nie die Chance haben, Jesus kennenzulernen, z.B. weil sie in einen Kulturkreis hineingeboren wurden, dem die christliche Lehre gänzlich unbekannt ist. Sind diese Menschen also ausgeschlossen von Jesu Erlösungswerk und auf immer verbannt aus Gottes Himmelreich? Ist eine solche Vorstellung in Übereinstimmung zu bringen mit der Gewissheit, dass Gott ein liebender Vater ist? Nein, ganz bestimmt nicht!

Doch wenn es nach diesem Leben ein neues Leben gibt, verbunden mit einer neuen Chance darauf, Jesus kennenzulernen und ein gottgefälliges Leben zu führen, dann lassen sich die Liebe und die Gerechtigkeit Gottes miteinander vereinbaren ohne unlogische Spitzfindigkeiten von theologischen Experten. Dann gilt ganz einfach das, was Jesus bereits gegenüber dem Pharisäer und Mitglied des Sanhedrins, Nikodemus, geoffenbart hatte:

„*Amen, Amen! - Ich soll dir sagen: Wenn jemand nicht wiederholt geboren wird, so kann er nicht [wieder] eingelassen werden in die Himmelsherrschaft*" (JEv 4, 13[126]).

126 Vgl. auch JEv S. 499-501. Siehe dazu auch: Schwarz, G. (o.J.) Das verlorene Fundament des christlichen Glaubens (Manuskript); Schwarz, G. (1991). Die esoterische Lehre Jesu. 4. Vortrag in Bielefeld (Manuskript). Die Manuskripte wurden auf der Internetseite www.jesus-forscher.de veröffentlicht; sind allerdings nach dem Relaunch der Website dort aktuell nicht mehr verfügbar (Stand: 03.04.2022).

Denn das ist die Liebe Gottes, dass er keinen seiner Kinder endgültig fallen lässt, sondern jedem die Chance

gibt, nach Hause zu kommen wie der verlorene Sohn im Gleichnis Jesu[127]. Der hatte sich, nachdem er vom Vater weggezogen war, sein Erbe verprasste und schließlich ganz unten in der Gosse bei den Schweinen landete, dann schließlich doch noch aufgemacht, um nach Hause zurückzukehren. Und was macht der Vater? *„Als er aber noch fern war, sah ihn sein Vater und hatte Erbarmen, und er lief, fiel ihm um den Hals und küsste ihn"* (Lk 15, 20).

Unser himmlischer Vater kommt uns entgegen, selbst wenn wir noch weit von ihm entfernt sind. Er kommt uns entgegen, wenn wir uns auf den Weg gemacht haben. Das ist die wahrhaft Frohe Botschaft.

Denn auf uns allein vertrauen, das heißt, auf Sand zu bauen. Unser himmlischer Vater gibt uns jedoch immer eine neue Chance, uns auf den Weg zu machen, auch wenn wir diese in unserem jetzigen Leben verpasst haben sollten. Jene aber, die gewürdigt werden, nach dem irdischen Tod durch die enge Pforte in sein Himmelreich eintreten zu dürfen, lassen den Leib zurück und werden - wie am Anfang und wie nach dem Bild des himmlischen Vaters - wieder Geist und sind damit unsterblich.

127 Vgl. Lk 15, 11-32.

Die Rückkehr in das Reich und die Nähe des Vaters, in unser aller geistige und eigentliche Heimat, ist die Auferstehung von den Toten, von der Jesus gesprochen hat.

Die wichtigste Überzeugung eines Christen ist die Gewissheit, dass wir Menschen den Tod - die Gottesferne - überwinden können. Und der wichtigste Glaubensinhalt eines Christen ist, dass Jesus von Nazareth in seinem irdischen Leben Gott niemals fern war und sogar den irdischen Tod überwunden und damit denjenigen den Weg zurück zu himmlischen Vater bereitet hat, die sich aufmachen, ihm zu folgen.

Die Frage, ob mit dem Tod alles vorbei ist, kann nach meiner festen Überzeugung also nur heißen: NEIN, denn wir werden mit dem irdischen Tod in ein neues Leben geboren; und wenn es uns vergönnt ist, dann auch in eine neue, bessere Welt.

„Jene Welt, der „Rosensaal" Kierkegaards, wird anders sein als diese. Wir werden dann andere sein, und wir ´wissen nicht, wer wir sein werden`. Aber wir wissen, daß wir sein werden und dass wir sein werden wir er (Christus; HV). Und wir wissen, daß diese und jene Welt eine eigene ist. Darum kann das Morgen im Heute wirksam werden. Und darum, weil wir sterben dürfen und nicht sterben müssen, darum, weil Sterben ganz anders wird, als wir immer dachten, habe ich Hoffnung und Vertrauen für dieses Leben.[128]"

128 Hampe, J.C. (1980) S. 163.

3 Heilig leben. Ein Vorschlag.

„Ihr sollt heilig sein, denn ich bin heilig, Herr, euer Gott" (3. Mos 19, 2).

So lautet die Aufforderung Gottes an sein Volk und damit an alle, die zu seinem Volk dazugehören wollen[129]. Was heißt das und wie kann das gehen, heilig zu leben?

Der Glaube des Jesus von Nazareth, kann uns da weiterhelfen, denn gemäß jüdischer Vorstellung geht es darum, das ganze Leben zu heiligen.

„Heiligkeit im Judentum ist also das Bemühen, sich aus dem Profanen emporzuheben. Heiligkeit muss „hergestellt" werden, es gilt immer wieder, das Profane vom Heiligen zu trennen, eine Unterscheidung zu machen. Das Zeremoniell am Ende des Schabbats heißt Hawdala, ein Begriff, dessen Ursprung in dem hebräischen Wort für „Unterscheidung", „Trennung" liegt. Der Schabbat ist ein heiliger Tag, die anderen Tage sind einfache oder „All"-Tage. Am Ende des heiligen Tages wird eine Unterscheidungszeremonie vorgenommen, die das Heilige vom Profanen trennt, eine Unterscheidung trifft. Doch auch im profanen Alltag geht es darum, jeden Augenblick heilig werden zu lassen, ihn zu heiligen und damit das Leben. In dieser Vorstellung wird jede Handlung bedeutungsvoll. Es gibt keine „unheilige" Handlung (...) - jeder Moment und jede Handlung des Alltags ist geeignet, das Leben zu heiligen und sich selbst aus den Niederungen des Profanen herauszukatapultieren und ein

129 Siehe auch Kapitel 2.11.

Leben mit Sinn, ein Leben auf dem Wege Gottes zu führen"[130].

Um das Leben zu heiligen, gibt es im Judentum 365 Verbote und 248 Gebote. Die Gottessucher in Klöstern haben sich ebenfalls Regeln gegeben, um ein heiliges Leben zu führen. Profanes ist regellos. Das Heilige braucht Regeln.

„Unabhängig von allem Versagen im Lauf seiner Geschichte ist Israel dazu berufen, ein heiliges, priesterliches Volk zu sein, dessen erste Aufgabe der Gottes-Dienst ist. Jemandem dienen heißt: für ihn da sein, in seiner Nähe sein, zu seiner Verfügung stehen, sich für ihn einsetzen. Das geschieht im gelebten Leben ebenso wie im kultischen Voraus- oder Nachvollzug. Der Kult braucht Ort und Zeit, er braucht Zeichen, Gebärden, Worte."[131]

Welche Regeln könnten die Heiligung des Lebens unterstützen in einer Welt und in einer Gesellschaft, der so gut wie nichts mehr heilig ist? Wie kann ein Mindestmaß an Heiligung außerhalb von Klostermauern gesichert werden? Was können wir aus dem Leben der Heiligen, der Ordensbrüder und -schwestern und vor allem aus dem Leben Jesu mit seinen Vertrauten lernen?

„Heilige sind Menschen, durch die das Licht Gottes scheint."[132]

---

130 Spiegel, P. (2003) S. 37f.

131 https://www.erzabtei-beuron.de/schott/register/jahreszeit/schott_anz/index.html?file=jk17%2FDonnerstag.htm (Zugriff:05.04.2022)

132 http://abteioberschoenenfeld.de/heilige-sind-menschen-durch-die-das-licht-gottes-scheint/ (Zugriff : 21.03.2022)

Im Folgenden ein Vorschlag, sein Leben zu heiligen, und es zu unterscheiden von dem Profanen dieser Welt, und damit das Licht Gottes scheinen zu lassen:

1. Erweise Gott die Ehre.

Beginne und beende den Tag im Gebet.
Heilige den Namen deines Vaters im Himmel. Denn nur er allein ist Abba.

2. Schweige.

Halte Zeiten der Stille und der - vollständigen - Abwesenheit von Unterhaltung, Medien, Kommunikationsmitteln ein. Sei dann für niemanden als nur für Gott und die Boten seines Himmelsreichs erreichbar. Vermeide das Geschwätz und die Geschwätzigkeit. Werde langsam im Reden. Werde still, um zu hören.

3. Lass die Mahlzeit gesegnet sein.

Speise in Ruhe und mit Bedacht. Gib deiner Nahrung die Aufmerksamkeit, die ihr als Geschenk deines himmlischen Vaters zukommt.

4. Halte dich an Regeln.

Achte Regeln, die du von anderen geachtet wissen willst - im Kleinen und im Großen.

5. Übe Bedächtigkeit.

Schreite mit Bedacht durchs Leben. Heilige den Augenblick.

6. **Nehme dir Besinnungszeiten.**

Lerne in Exerzitien und lasse dich inspirieren. Gewähre dir regelmäßig ganze Tage der Besinnung und pilgere, um die Nähe des Himmelsreichs zu spüren. Nimm dir jeden Tag die Zeit, um dem Himmelreich nahe zu kommen.

7. **Sei wahrhaftig.**

Gebe nichts vor, was nicht ist. Beschönige nicht, was nicht schön ist. Aber erkenne und erkenne an, was gut, wahr und schön ist.

8. **Sei da, wenn du gebraucht wirst.**

Aber mische dich nicht ein, wenn keiner dich ruft. Denn jeder ist für sein Seelenheil selbst verantwortlich.

9. **Kümmere dich nicht um die Geschäftigkeit dieser Welt.**

Beteilige dich nicht an dem, wovon diese Welt beherrscht wird. Vor allem anderen meide, dem Mammon zu dienen. Geh´ allem aus dem Weg, was dem Guten, der Schönheit und der Wahrheit abträglich ist und was Gottes Harmonie stört.

10. Gebe Almosen.

Sei aufmerksam für die Hilfe, die andere benötigen. Aber erwarte von dir nicht mehr als du leisten kannst. Meide die Hybris und den Irrglauben, ohne die Hilfe deines Vaters im Himmel Gutes tun zu können.

11. Urteile nicht.

Vergleiche nicht und urteile nicht über andere, denn allein dein Vater im Himmel kennt das Herz eines jeden. Denke daran, dass selbst dein größter Feind ein Kind Gottes ist, und sei dir darüber klar, dass der Satan sich der Menschen bemächtigt auch ohne, dass diese sich darüber im Klaren sind.

12. Reduziere dich.

Übe dich ein in das Absterben deines falschen Ichs. Mache dich frei von allen Dingen, die dich beherrschen und die dein wahres Selbst überlagern und gefangen halten.

4 Rat des 60-Jährigen[133] an den 16-Jährigen

Freue dich an jedem Tag über das, was dir geschenkt wird. Dir widerfährt so viel Gutes, du musst es nur wahrnehmen. Lebe in der festen Gewissheit, dass du - wie Dietrich Bonhoeffer es ausgedrückt hat - *von guten Mächten wunderbar geborgen* bist.

Sorge dich wenig um die Dinge, die letztlich unwichtig sind, und kümmere dich nur so viel um diese, wie sie an Beachtung mindestens benötigen. Du wirst dir vermutlich viele Gedanken und Sorgen machen um Schule, Ausbildung und Beruf. Du wirst dir vermutlich viele Gedanken und Sorgen darüber machen, wie andere dich sehen und dich oft fragen, ob andere dich mögen.

Denke immer daran: Ein Viertel dieser Sorgen und Gedanken ist schon zu viel! Denn ob du von anderen gemocht wirst, ob du in der Gesellschaft anerkannt bist, ob du einen tollen Beruf mit Prestige und Geld bekommst, darauf kommt es am Ende nicht an.

Ich selbst habe zu oft einfach nur mitgemacht. Weil es anscheinend normal war. Weil es alle gemacht haben. Weil ich dazugehören und nicht anders sein wollte als die anderen. Doch ich kann dir sagen: „Normal" ist kein Maßstab. Guck dich um! Ein „Normal" gibt es letztlich nicht. Habe anstelle des Bestrebens, „normal" zu sein, nicht aufzufallen und nicht anzuecken, mehr Mut, das zu sagen und danach zu handeln, was du wirklich denkst und in deinem Innersten für richtig hältst - auch

133 Eigentlich: „...des *fast* 60-Jährigen".

auf die Gefahr hin, als Außenseiter dazustehen. Das gilt gerade gegenüber denjenigen, denen du möglichst alles recht machen willst: deinen Eltern, deiner Familie und deinen engsten Freunden. Es ist schwer, sich dem Liebesentzug seiner Eltern entgegenzustellen. Es ist schwer, auf Abstand zu gehen zu Menschen, von denen man annahm, dass sie Freunde seien, die einen aber letztlich von dem Weg abdrängen, der zurück in deine wahre Heimat führt. Versuche es trotzdem, wenn es nötig ist - aber auch wirklich nur dann!

Der Rat, das zu machen, was Eltern oder Freunde für richtig halten, mag oftmals ein guter sein. Denn auch du brauchst hin und wieder Orientierung und Führung durch andere Menschen, die es gut mit dir meinen. Doch genauso oft kann ein „guter Rat" auch ein schlechter sein für dich. Vor allem dann, wenn er letztlich in Unehrlichkeit oder Unaufrichtigkeit mündet, nur um eine scheinbare Harmonie zu wahren und einem Konflikt aus dem Weg zu gehen. Früher oder später kommt Unehrlichkeit an den Tag. Das gilt für sämtliche Beziehungen, auch in der Familie und auch zu deinen Kindern, die du vielleicht haben wirst. Es ist immer eine Gratwanderung zwischen Ehrlichkeit und Freundlichkeit. Das ist mir klar. Mit der Brechstange der Ehrlichkeit kann man vieles kaputt machen, was heil bleiben muss. Zu viel Rücksicht und Höflichkeit kann aber auch schnell in Heuchelei ausarten, mit der letztlich dann keinem geholfen ist. Schon gar nicht dir selbst - aber auch erst recht nicht anderen. Denke daran: Auch eine Notlüge ist eine Lüge. Wie oft habe ich mich dagegen schon gescholten: „Hätte ich doch mal was gesagt". Vielleicht hätte ich ja Verständnis gefunden, wo ich das nicht vermutet hätte. Vielleicht wäre der ein oder andere Um- oder Irrweg mir oder anderen erspart geblieben. Deshalb: Habe Mut, zu deiner Meinung zu stehen, auch wenn´s unbequem ist. Habe aber vor allem auch Mut, deine Meinung zu revidieren, wenn du zu einer anderen Erkenntnis gekommen bist. Denn das ist genau so schlimm: An einer irrigen Meinung festhalten, nur weil man sich nicht eingestehen will, dass man falsch lag. Sei lernbegierig und offen dein ganzes Leben lang.

Wenn du eine Liebe finden wirst, eine ganz besondere Liebe zu einer Frau, mit der du dein Leben verbringen willst, dann tue alles, um diese Liebe zu erhalten; diese Liebe muss im Zweifel immer Vorrang haben. Nur die Liebe zu deinem himmlischen Vater sei größer und wichtiger in deinem Leben.

Die Liebe, die dir auf dieser Erde geschenkt wird, ist ein Widerschein des Göttlichen in deinem Leben. Und sei dir gewiss: Die Liebe, die von Gott kommt, ist anders und viel, viel mehr als das, was du in Romanen oder Filmen als Liebe präsentiert bekommst. Sei offen dafür, diese Liebe zu spüren und weiterzugeben.

Belaste dich nicht mit Dingen, die du nicht beeinflussen kannst. Du wirst vielleicht hin- und hergerissen sein zwischen der (grob-)stofflichen und der geistigen Welt. Immer wieder wirst du dich vielleicht fragen, ob du aufgerufen bist, in dieser Welt zu wirken und sie zu verändern. Dazu wirst du dich möglicherweise in

Parteien und Vereinen, in gemeinnützigen Institutionen oder ähnlichen Organisationen engagieren.

Achte stets darauf, dass Jesu Reich nicht von dieser Welt ist. Konzentriere dich - bei allem Engagement für die Welt - darauf, mit Gottes Hilfe ein Segen zu sein für dein allernächstes Umfeld. Sich anzumaßen, die Welt ändern zu wollen, ist letztlich ein Zeichen von Hybris; wohin die führt, das hat schon der Turmbau zu Babel gezeigt.

Zur Hybris gehört aber auch, zu meinen, sich bereits auf Erden der Sünde enthalten und leben zu können, wie nur Jesus es konnte. Du bist und bleibst auf die Gnade Gottes angewiesen. Und bist darauf angewiesen, dass dir die Sünden vergeben werden.

Du wirst sicher vieles ausprobieren im Leben. Vieles wirst du anfangen und wieder beenden. Handle nach dem Wort: *„Prüft alles, das Gute behaltet!“* (1. Thes 5, 21). Denke aber auch daran, nicht nur zu prüfen und zu verwerfen, sondern auch festzuhalten. Zuallererst halte fest an deinem Glauben und an den Erkenntnissen, die dir geschenkt werden. Führe sie dir immer wieder vor Augen und richte dein Handeln danach aus.

Habe Mut, deinen Glauben zu leben! Habe Mut, dich zu deinem Glauben zu bekennen, auch wenn dich andere - selbst deine dir Nächsten - für merkwürdig halten.

Versuche, dein Leben zu heiligen, denn auch du sollst heilig sein[134].

---

134 Vgl. 3. Mos 19, 2; 1. Petr 1, 16.; siehe auch Kap. 2.11.

Und das Wichtigste:

Verzweifle nie, auch wenn die Welt Kopf steht und du meinst, um dich herum bricht alles zusammen. Zweifle nie daran, dass du gehalten bist von deinem himmlischen Vater, auch wenn du fällst. Unter seinen Flügeln findest du Ruhe und Zuflucht.

Lass nicht ab, Gottes Nähe zu suchen!

„O Gott, du bist mein Gott,
früh suche ich dich !
Meine Seele dürstet nach dir;
mein Fleisch schmachtet nach dir
in einem dürren, lechzenden Land ohne Wasser,
dass ich deine Macht und Herrlichkeit sehen darf,
gleich wie ich dich schaute im Heiligtum.
Denn deine Gnade ist besser als Leben;
meine Lippen sollen dich rühmen.
So will ich dich loben mein Leben lang;
in deinem Namen meine Hände aufheben.
Meine Seele wird satt wie von Fett und Mark,
und mit jauchzenden Lippen lobt dich mein Mund,
wenn ich an dich gedenke auf meinem Lager;
in den Nachtwachen nachsinne über dich.
Denn du bist meine Hilfe geworden,
und ich juble unter dem Schatten deiner Flügel[135]*."*

135 Ps 63, 2 - 8.

Anhang

I Selbstzeugnisse Jesu im Evangelium des Johannes[136]

Ich habe euch ausgesandt, zu ernten, woran ihr nicht gearbeitet habt; andere haben gearbeitet, und ihr seid in ihre Arbeit eingetreten.	4, 38
Denn ich bin aus dem Himmel herabgekommen, nicht damit ich meinen Willen tue, sondern den Willen dessen, der mich gesandt hat.	6, 38
Niemand kann zu mir kommen, es sei denn, dass ihn der Vater zieht, der mich gesandt hat; und ich werde ihn auferwecken am letzten Tag.	6,44
Wahrlich, wahrlich ich sage euch: Wer an mich glaubt, der hat ewiges Leben.	6, 47
Ich bin das Brot des Lebens.	6, 48
Ich bin das lebendige Brot, das aus dem Himmel herabgekommen ist. Wenn jemand von diesem Brot isst, so wird er leben in Ewigkeit. Das Brot aber, das ich geben werde, ist mein Fleisch, das ich geben werde für das Leben der Welt.	6, 51
Wie mich der lebendige Vater gesandt hat und ich um des Vaters willen lebe, so wird auch der, welcher mich isst, um meinetwillen leben.	6, 57
Die Welt kann euch nicht hassen; mich aber hasst sie; denn ich bezeuge von ihr, dass ihre Werke böse sind.	7, 7
Meine Lehre ist nicht von mir, sondern von dem, der mich gesandt hat.	7, 16
Ja, ihr kennt mich und wisst, woher ich bin! Und doch bin ich nicht von mir selbst gekommen, sondern der ist wahrhaftig, der mich gesandt hat, den ihr nicht kennt. Ich aber kenne ihn, weil ich von ihm bin, und er hat mich gesandt.	7, 28-29
Noch eine kleine Zeit bin ich bei euch, und dann gehe ich hin zu dem, der mich gesandt hat. Ihr werdet mich suchen und nicht finden, und wo ich bin, dahin könnt ihr nicht kommen.	7, 33-34
Ich bin das Licht der Welt. Wer mir nachfolgt, wird nicht in der Finsternis wandeln, sondern wird das Licht des Lebens haben.	8, 12

136 Eine Auswahl ohne Anspruch auf Vollständigkeit.

Auch wenn ich von mir selbst Zeugnis ablege, ist mein 8, 14
Zeugnis doch glaubwürdig, denn ich weiß, woher ich gekommen bin und wohin ich gehe; ihr aber wisst nicht, woher ich komme und wohin ich gehe

Ihr richtet nach dem Fleisch; ich richte niemand. Aber 8, 16
auch wenn ich richte, so ist mein Gericht wahrhaftig; denn ich bin nicht allein, sondern ich und der Vater, der mich gesandt hat

Ich bin es, der ich von mir selbst Zeugnis gebe, und der 8, 18
Vater, der mich gesandt hat, gibt auch Zeugnis von mir.

Ich gehe fort, und ihr werdet mich suchen, und ihr 8, 21
werdet in eurer Sünde sterben. Wohin ich gehe, dahin könnt ihr nicht kommen!

Ihr seid von unten, ich bin von oben ist. Ihr seid von 8, 23
dieser Welt, ich bin nicht von dieser Welt.

Da sagten sie zu ihm: Wer bist du? Und Jesus sprach zu 8, 25-27
ihnen: Zuerst das, was ich euch eben sage! Ich habe vieles über euch zu reden und zu richten; aber der, welcher mich gesandt hat, ist wahrhaftig, und was ich von ihm gehört habe, das rede ich zu der Welt.

Wenn ihr den Sohn des Menschen erhöht haben werdet, 8, 28-29
dann werdet ihr erkennen, dass ich es bin; und ich tue nichts von mir selbst aus, sondern wie mich mein Vater gelehrt hat, so rede ich. Und der, welcher mich gesandt hat, ist mit mir; der Vater lässt mich nicht allein, denn ich tue allezeit, was ihm wohlgefällt.

Ich rede, was ich bei meinem Vater gesehen habe 8, 38

Nun aber sucht ihr mich zu töten, einen Menschen, der 8, 40
euch die Wahrheit gesagt hat, die ich von Gott gehört habe

Wenn Gott euer Vater wäre, so würdet ihr mich lieben, 8, 42
denn ich bin von Gott ausgegangen und gekommen; denn nicht von mir selbst bin ich gekommen, sondern er hat mich gesandt.

Weil aber ich die Wahrheit sage, glaubt ihr mir nicht 8, 45

Ich habe keinen Dämon, sondern ich ehre meinen Vater, 8, 49-51
und ihr entehrt mich. Ich aber suche nicht meine Ehre (...) Wahrlich, wahrlich, ich sage euch: Wenn jemand mein Wort bewahrt, so wird er den Tod nicht sehen in Ewigkeit!

...mein Vater ist es, der mich ehrt, von dem ihr sagt, er 8, 54-55
sei euer Gott. Und doch habt ihr ihn nicht erkannt; ich aber kenne ihn. Und wenn ich sagen würde: Ich kenne ihn nicht!, so wäre ich ein Lügner, gleich wie ihr.

Abraham, euer Vater, frohlockte, dass er meinen Tag 8, 56
sehen sollte; und er sah ihn und freute sich.

Wahrlich, wahrlich ich sage euch: Ehe Abraham wurde, bin ich! 8, 58

Ich muss die Werke dessen wirken, der mich gesandt hat, so lange es Tag ist; es kommt die Nacht, da niemand wirken kann. 9, 4

Solange ich in der Welt bin, bin ich das Licht der Welt. 9, 5

Glaubst du an den Sohn Gottes? Er antwortete und sprach: Wer ist es, Herr, damit ich an ihn glaube? Jesus aber sprach zu ihm: Du hast ihn gesehen, und der mit dir redet, der ist es! 9, 36-37

Ich bin zum Gericht in diese Welt gekommen, damit die, welche nicht sehen, sehend werden und die, welche sehen, blind werden. 9, 39

Wahrlich, wahrlich, ich sage euch. Ich bin die Tür für die Schafe. Alle, die vor mir kamen, sind Diebe und Räuber; aber die Schafe hörten nicht auf sie. Ich bin die Tür. Wenn jemand durch mich hineingeht, wird er gerettet werden und wird ein- und ausgehen und Weide finden. 10, 7-9

ich bin gekommen, damit sie das Leben haben und es in Überfluss haben. 10, 10

Ich bin der gute Hirte; der gute Hirte lässt sein Leben für die Schafe. 10, 11

Ich bin der gute Hirte und ich kenne die Meinen und ich bin den Meinen bekannt, gleichwie der Vater mich kennt und ich den Vater kenne; und ich lasse mein Leben für die Schafe. 10, 14-15

Und ich habe noch andere Schafe, die nicht aus dieser Schafhürde sind; auch diese muss ich führen, und sie werden meine Stimme hören, und es wird eine Herde und ein Hirte sein. 10, 16

Darum liebt mich der Vater, weil ich mein Leben lasse, damit ich es wieder nehme. Niemand nimmt es von mir, sondern ich lasse es von mir aus. Ich habe Vollmacht, es zu lassen, und ich habe Vollmacht, es wieder zu nehmen. Diesen Auftrag habe ich von meinem Vater empfangen. 10, 17-18

Die Werke, die ich tue im Namen meines Vaters, diese geben Zeugnis von mir 10, 25

Meine Schafe hören meine Stimme, und ich kenne sie, und sie folgen mir nach; und ich gebe ihnen ewiges Leben, und sie werden in Ewigkeit nicht verloren gehen, und niemand wird sie aus meiner Hand reißen. 10, 27-28

Ich und der Vater sind eins. 10, 30

wieso sagt ihr dann zu dem, den der Vater geheiligt und in die Welt gesandt hat: Du lästerst!, weil ich gesagt habe: Ich bin Gottes Sohn? 10, 36

Wenn ich nicht die Werke meines Vaters tue, so glaubt mir nicht, Tue ich sei aber, so glaubt doch den Werken, wenn ihr auch mir nicht glaubt, damit ihr erkennt und glaubt, dass der Vater in mir ist und ich in ihm! 10, 37-38

Ich bin die Auferstehung und das Leben. Wer an mich glaubt, wird leben, auch wenn er stirbt; und jeder, der lebt und an mich glaubt, wird in Ewigkeit nicht sterben. 11, 25-26

... doch um der umstehenden Volksmenge willen habe ich es gesagt, damit sie glauben, dass du mich gesandt hast. 11, 42

Denn die Armen habt ihr allezeit bei euch; mich aber habt ihr nicht allezeit. 12, 8

Wenn jemand mir dienen will, so folge er mir nach; und wo ich bin, da soll auch mein Diener sein; und wenn jemand mir dient, so wird ihn mein Vater ehren. Jetzt ist meine Seele erschüttert. Und was soll ich sagen? Vater, hilf mir aus dieser Stunde! Doch darum bin ich in diese Stunde gekommen. Vater, verherrliche deinen Namen! 12, 26-28

und ich, wenn ich von der Erde erhöht bin, werde alle zu mir ziehen. 12, 32

Noch eine kleine Zeit ist das Licht bei euch. Wandelt, solange ihr das Licht noch habt, damit euch die Finsternis nicht überfällt! (...) Solange ihr das Licht habt, glaubt an das Licht, damit ihr Kinder des Lichtes werdet. 12, 35-36

Wer an mich glaubt, der glaubt nicht an mich, sondern an den, der mich gesandt hat. Und wer mich sieht, der sieht den, der mich gesandt hat. 12, 44-45

Ich bin als ein Licht in die Welt gekommen, damit jeder, der an mich glaubt, nicht in der Finsternis bleibt. 12, 46

Und wenn jemand meine Worte hört und nicht glaubt, so richte ich ihn nicht; denn ich bin nicht gekommen, um die Welt zu richten, sondern damit ich die Welt zu rette. 12, 47

Denn ich habe nicht aus mir selbst geredet, sondern der Vater, der mich gesandt hat, er hat mir ein Gebot gegeben, was ich sagen und was ich reden soll. Und ich weiß, dass sein Gebot ewiges Leben ist. 12, 49-50

Darum, was ich rede, rede ich so, wie der Vater es mir gesagt hat. 12, 50

Ihr nennt mich Meister und Herr und sagt es mit Recht; denn ich bin es auch. 13, 13

denn ein Vorbild habe ich euch gegeben, damit auch ihr so handelt, wie ich an euch gehandelt habe. 13, 15

Wahrlich, wahrlich, ich sage euch: Wer den aufnimmt, den ich senden werde, der nimmt mich auf; wer aber mich aufnimmt, der nimmt den auf, der mich gesandt hat. 13, 20

Ich gehe hin, um euch eine Stätte zu bereiten. Und wenn ich hingehe und euch eine Stätte bereite, so komme ich wieder und werde euch zu mir nehmen, damit auch ihr seid, wo ich bin. 14, 2-3

Ich bin der Weg und die Wahrheit und das Leben; niemand kommt zum Vater als nur durch mich. Wenn ihr mich erkannt hättet, so hättet ihr auch meinen Vater erkannt; und von nun an erkennt ihr ihn und habt ihn gesehen. 14, 6-7

Wer mich gesehen hat, der hat den Vater gesehen 14, 9

Glaubst du nicht, dass ich im Vater bin und der Vater in mir ist? Die Worte, die ich zu euch rede, rede ich nicht aus mir selbst; und der Vater, der in mir wohnt, der tut die Werke. 14, 10

Wahrlich, wahrlich ich sage euch: Wer an mich glaubt, der wird die Werke auch tun, die ich tue, und wird größere als diese tun, weil ich zu meinem Vater gehe. 14, 12

Wenn ihr etwas bitten werdet in meinem Namen, so werde ich es tun. 14, 14

Und ich will den Vater bitten, und er wird euch einen anderen Beistand geben, dass er bei euch bleibt in Ewigkeit, den Geist der Wahrheit, den die Welt nicht empfangen kann, denn sie beachtet ihn nicht und erkennt ihn nicht; ihr aber erkennt ihn, denn er bleibt bei euch und wird in euch sein. 14, 16-17

Ich lasse euch nicht als Waisen zurück; ich komme zu euch. 14, 18

weil ich lebe, sollt auch ihr leben! 14, 19

An jenem Tage werdet ihr erkennen, dass ich in meinem Vater bin und ihr in mir und ich in euch. 14, 20

wer aber mich liebt, der wird von meinem Vater geliebt werden, und ich werde ihn lieben und mich ihm offenbaren. 14, 21

Wenn jemand mich liebt, so wird er mein Wort befolgen, und mein Vater wird ihn lieben, und wir werden zu ihm kommen und Wohnung bei ihm machen. 14, 23

Frieden hinterlasse ich euch; meinen Frieden gebe ich euch. Nicht wie die Welt gibt, gebe ich euch; euer Herz erschrecke nicht und verzage nicht. 14, 27

Wenn ihr lieb hättet, so würdet ihr euch freuen, dass ich gesagt habe: Ich gehe zum Vater gehe; denn mein Vater ist größer als ich. 14, 28

Ich werde nicht mehr viel mit euch reden; denn es kommt der Fürst dieser Welt, und in mir hat er nichts. Damit aber die Welt erkennt, dass ich den Vater liebe und so handle, wie es mir der Vater geboten hat: Steht auf und lasst uns von hier fortgehen! 14, 30-31

Ich bin der wahre Weinstock, und mein Vater ist der Weingärtner. 15, 1

Ich bin der Weinstock, ihr seid die Reben. 15, 5

Wer in mir bleibt und ich in ihm, der bringt viel Frucht; denn getrennt von mir könnt ihr nichts tun. Wenn jemand nicht in mir bleibt, wird er weggeworfen, wie die Rebe und verdorrt; und solche sammelt man und wirft sie ins Feuer, und sie brennen. 15, 5-6

Dadurch wird mein Vater verherrlicht, dass ihr viel Frucht bringt und meine Jünger werdet. 15, 8

Gleichwie mich der Vater liebt, so liebe ich euch 15, 9

Nicht ihr habt mich erwählt, sondern ich habe euch erwählt und euch dazu bestimmt, dass ihr hingeht und Frucht bringt und eure Frucht bleibt, damit der Vater euch gibt, was auch immer ihr ihn bitten werdet in meinem Namen. 15, 16

Wenn euch die Welt hasst, so wisst, dass sie mich vor euch gehasst hat. 15, 18

Wer mich hasst, hasst auch meinen Vater 15, 23

Nun aber gehe ich hin zu dem, der mich gesandt hat, und niemand von euch fragt mich: Wohin gehst du? 16, 5

Aber ich sage euch die Wahrheit 16, 7

Er (der Geist der Wahrheit) wird mich verherrlichen, denn von dem Meinen wird er empfangen 16, 14

Alles, was der Vater hat, ist mein 16, 15

ich werde euch aber wieder sehen, und dann wird euer Herz sich freuen, und niemand soll eure Freude von euch nehmen. 16, 22

denn er selbst, der Vater, hat euch lieb, weil ihr mich 16, 27-28
liebt und glaubt, dass ich von Gott ausgegangen bin. Ich
bin vom Vater ausgegangen und in die Welt gekommen;
wiederum verlasse ich die Welt und gehe zum Vater.

aber ich bin nicht allein, denn der Vater ist bei mir. 16, 32

ich habe die Welt überwunden! 16, 33

; verherrliche deinen Sohn, damit auch dein Sohn dich 17, 1-2
verherrliche – gleichwie du ihm Vollmacht über alles
Fleisch, damit er allen ewiges Leben gebe, die du ihm
gegeben hast.

Das ist aber das ewige Leben, dass sie dich, den allein 17, 3
wahren Gott, und den du gesandt hast, Jesus Christus,
erkennen.

; ich habe das Werk vollendet, das du mir gegeben hast, 17, 4
damit ich es tun soll.

Und nun verherrliche du mich, Vater, bei dir selbst mit 17, 5
der Herrlichkeit, die ich bei dir hatte, ehe die Welt war.

Ich habe deinen Namen den Menschen offenbar 17, 6
gemacht, die du mir aus der Welt gegeben hast; sie
waren dein, und du hast sie mir gegeben, und sie haben
dein Wort bewahrt.

denn die Worte, die du mir gegeben hast, habe ich ihnen 17, 8
gegeben und sie haben sie angenommen und wahrhaftig
erkannt, dass ich von dir ausgegangen bin, und haben
geglaubt, dass du mich gesandt hast

Und alles, was mein ist, das ist dein, und was dein ist, 17, 10
das ist mein

und ich bin in ihnen verherrlicht. 17, 10

Und ich bin nicht mehr in der Welt; diese aber sind in 17, 11
der Welt, und ich komme zu dir. Heiliger Vater,
bewahre sie in deinem Namen, die du mir gegeben hast,
damit sie eins seien, gleichwie wir!

Als ich bei ihnen in der Welt war, bewahrte ich sie in 17, 12-13
deinem Namen; die du mir gegeben hast, habe ich
behütet, und keiner von ihnen ist verloren gegangen als
nur der Sohn des Verderbens, damit die Schrift erfüllt
würde. Nun aber komme ich zu dir und rede dies in der
Welt, damit sie meine Freude völlig in sich haben.

Ich habe ihnen dein Wort gegeben 17, 14

gleichwie auch ich nicht von der Welt bin 17, 16

Und ich heilige mich selbst für sie, damit auch sie 17, 19
geheiligt seien in Wahrheit.

Und ich habe die Herrlichkeit, die du mir gegeben hast, 17, 22-24
ihnen gegeben, auf dass sie eins seien, gleichwie wir eins sind, ich in ihnen und du in mir, damit sie zu vollendeter Einheit gelangen, und damit die Welt erkenne, dass du mich gesandt hast und sie liebst, gleichwie du mich liebst. Vater, ich will, dass, wo ich bin, auch die bei mir seien, die du mir gegeben hast, damit sie meine Herrlichkeit sehen, die du mir gegeben hast; denn du hast mich geliebt vor Grundlegung der Welt.

II Literatur

- Bühlmann, Walter (2017). Wie Jesus lebte. Alltag und Kultur vor 2000 Jahren.
- Buzzard, Anthony F.; Hunting, Charles F. (2001). Die Lehre von der Dreeinigkeit Gottes. Die selbst zugefügte Wunde der Christenheit.
- Das Jüdische Neue Testament. Eine Übersetzung des Neuen Testamentes, die seiner jüdischen Herkunft Rechnung trägt von David H. Stern (1994).
- Die Bibel. Übersetzt von Franz Eugen Schlachter (2000).
- Die Heilige Schrift - ins Deutsche übertragen von Naftali Herz Tur-Sinai (1993).
- Elberfelder Studienbibel mit Sprachschlüssel und Handkonkordanz (2013).
- Greber, Johannes (1989; Urschrift: 1932). Der Verkehr mit der Geisterwelt Gottes.
- Hampe, Johann Christoph (1980). Sterben ist doch ganz anders.
- Hesemann, Michael (2010a). Das Bluttuch: Wissenschaftler auf den Spuren der Auferstehung.
- Hesemann, Michael (2010b). Auf den Spuren des Grabtuchs von Turin: eine Entdeckungsreise zu einem der größten Rätsel der Christenheit.
- Hinz, Walther (1982). Woher? Wohin?
- Kaufmann, A.; i. Verb. mit Backmann, L.E (Hrsg.). (1972). Widerstandsrecht.

- Kersten, Holger; Gruber, Elmar R. (1992). Das Jesus Komplott. Die Wahrheit über das „Turiner Grabtuch".
- King, Karen (2014). „Jesus said to them, „My wife..." A New Coptic Papyrus Fragment. Harvard Theological Review 107, No. 2, S. 131-159.
- Kollmann, Bernd (2010). Das Grabtuch von Turin - ein Porträt Jesu? Mythen und Fakten.
- Küng, Hans: Das Christentum (2007). Wesen und Geschichte.
- Leloup, Jean-Yves (2008). Das Evangelium der Maria Magdalena.
- Mohr, Till Arend (2004): Kehret zurück ihr Menschenkinder.
- Schwab, K.; Malleret, T. : COVID-19 (2020). Der Große Umbruch.
- Schwarz, Günther; Schwarz Jörn (2020). Das Jesus-Evangelium - Wiederherstellung des geistigen Eigentums Jesu.
- Schwarz, Günther; Schwarz, Jörn (2021). Jesus der Poet - „Niemals hat ein Mensch so geredet, wie dieser Mann redet!"
- Spiegel, Paul: Was ist koscher (2003). Jüdischer Glaube - jüdisches Leben.
- Sträuli, Robert (1987). Origenes, der Diamantene.
- Swedenborg, Emmanuel (o.J.; Urschrift 1758). Himmel und Hölle.
- Teresa von Avila (2001). Buch meines Lebens.

III Abkürzungsverzeichnis

1. Mos	1. Buch Mose (Genesis)
2. Mos	2. Buch Mose (Exodus)
3. Mos	3. Buch Mose (Leviticus)
4. Mos	4. Buch Mose (Numeri)
5. Mos	5. Buch Mose (Deuteronomium)
Ps	Die Psalmen
Jes	Das Buch des Propheten Jesaja
Jer	Das Buch des Propheten Jeremias
Mt	Das Evangelium des Matthäus
Mk	Das Evangelium des Markus
Lk	Das Evangelium des Lukas
Jh	Das Evangelium des Johannes
Ap	Die Apostelgeschichte
1. Kor	1. Brief des Apostels Paulus an die Korinther
2. Kor	2. Brief des Apostels Paulus an die Korinther
1. Thes	1. Brief des Apostels Paulus an die Thessalonicher
Jak	Der Brief des Jakobus
1. Petr	1. Brief des Apostels Petrus
Jud	Der Brief des Judas
Off	Die Offenbarung des Johannes

EMM	Evangelium der Maria Magdalena
JEv	Jesus-Evangelium

Danksagung

Zuallererst möchte ich meiner Frau danken für ihre Liebe seit nunmehr über 40 Jahren, die Respektierung meines Glaubens und den Freiraum, ihn leben zu können.

Der Christadelphian-Gemeinde in Esslingen möchte ich Dank sagen für das vertiefte Verständnis der Bibel, das ich bei ihnen habe lernen dürfen, und die mir eingeräumte Möglichkeit, in ihnen eine wahrhaft christliche Gemeinde kennengelernt haben zu dürfen.

Herrn Jörn Schwarz bin ich zu Dank verpflichtet, der mir die Arbeiten seines Vaters, Günther Schwarz, nähergebracht und die Chance gegeben hat, einen winzigen Beitrag dafür zu leisten, damit diese weiter bekannt werden.

Dankbar bin ich nicht zuletzt meinen Glaubensfreundinnen und -freunden für ihre Anstöße und ihre Ermutigungen in diesen außergewöhnlichen Zeiten.

Printed in Great Britain
by Amazon

82271412R00078